철학으로 보는 문화

차례
Contents

철학자의 눈에 비친 문화

　모두들 문화를 향유하고, 문화의 흐름 가운데 하루하루를 살아가고 있다. 그렇지만 정작 어느 누구도 문화가 우리의 삶에서 무엇이며, 어떤 의미가 있는지를 곰곰이 따져보고 고민하지는 않는다. 우리는 몇 명의 철학자들에게서 문화에 대한 논의를 확인할 수 있다. 그렇다면 철학자들의 눈에는 문화가 어떻게 비춰지고 있을까?

　문화에 대한 논의를 염두에 두면서 서양 철학사를 꼼꼼하게 읽어가다보면, 우리는 칸트(I. Kant, 1724~1804)와 카시러(E. Cassirer, 1874~1945) 앞에 멈춰 서게 된다. 이 두 사람의 사상을 통해 우리는 문화의 기원과 문화의 전개 그리고 문화의 미래에 대한 궁금증을 풀어낼 수 있다.

우리가 문화의 기원에 대한 논의를 할 때 한 가지 중요한 사실을 전제해야만 한다. 그것은 바로 서양의 철학, 역사, 문학, 예술은 많은 부분에 있어서 기독교 세계관의 영향을 받았다는 사실이다. 그런데 이 점에 대해서 혹자는 달리 생각할 수도 있다. "우리 자신은 대한민국에 살고 있는데, 문화의 기원에 대한 논의에서 왜 하필이면 기독교 세계관을 전제해야 하는가?"라고.

　그런데 대한민국에서의 우리의 현재 삶은 그것이 유교적 세계관이든 불교적 세계관이든 상관없이, 어쩌면 기독교 세계관과 결코 무관하지 않을 것이다. 단적인 예를 들어보자. 우리가 사용하고 있거나 익숙한 달력만 보더라도, 그러니까 2004년 5월 10일이라는 특정 시간관념은 기독교 세계관의 영향에서 비롯되었다. 부연하자면, 역사 서술에 있어서는 반드시 그 기준이 필요하다. 우리는 중·고등학교의 역사 교육에서 기원전은 BC로, 기원후는 AD로 표기하는 방식을 자연스럽게 학습받았다. 이러한 표기방식은 무엇을 의미하는가? BC는 'Before Christ'라는 의미(예수 그리스도의 출생 이전)이며, AD는 'Anno Domini'라는 의미(in the year of our Lord, 예수 그리스도의 출생 이후)이다.

　기독교 세계관에 근거하여 문화의 기원에 대한 논의를 한다는 것은 어떤 면에서 불충분한 점이 있다. 그럼에도 불구하고 그와 같은 접근은 문화에 대한 전체 논의에 나름대로의 상당한 설득력을 가질 수 있을 것이다.

문화는 어떻게 시작되었나

　지금부터 우리는 칸트의 논의를 따라 문화의 기원에 대해서 살펴보고자 한다. 기독교의 중앙에는 성서(Bible)가 놓여 있다. 성서의 첫 부분은 창세기로 시작한다. 창세기에는 천지창조와 인류의 출현 과정이 설명되고 있으며, 이와 더불어 인간 문화의 출현을 엿볼 수 있는 대목이 나타난다. 그것은 바로 인간이 선악과를 따먹는 사건이다. 완전성과 불멸성을 지닌, 그리고 선(善) 자체이신 하나님은 인간을 향해서 에덴동산 한가운데 있는 선악과만큼은 절대로 따먹지 말라고 명령하신다. 그런데 인간은 뱀의 유혹에 못 이겨 결국 선악과를 따먹는 사고를 저지르고 만다. 인간이 선악과를 따먹은 사건은 무엇을 의미하는가?

　에덴동산의 주인인 하나님의 관점에서 볼 때, 선악과를 따먹은 인간의 행위는 하나님의 명령을 어긴 행위이기에 그것은 범죄(犯罪)다. 선 자체이신 하나님의 관점에서 범죄는 악(惡)의 요소가 된다. 인간은 이제 자신의 범죄 때문에 에덴동산으로부터 추방당한다. 에덴동산에서 추방되어 나가 만든 것이 말하자면 인간의 세계요, 인간의 문화이다. 이러한 인간의 문화는 신화, 종교, 예술, 언어, 역사, 과학, 규범, 법 등으로 이루어져 있다.

　그런데 여기서 우리는 재미있는 한 가지 사실에 주목해야 한다. 선악과를 따먹으라는 유혹은 인간 외부의 측면인 뱀에게서 시작되었지만, 선악과를 따먹는 최종적인 결정과 결단행위는 인간 스스로가 내렸다. 인간의 이 행위는 무엇을 말하는가? 하나님의 관점에서 그 행위는 범죄요, 악의 요소로서 인간에게 원죄(原罪)의 형태가 된다. 인간의 관점에서 보자면, 그것은 인간의 자유의지의 실현을 의미한다. 그런 관점에서 역설적일지 모르지만 만일 선악과 사건이 없었더라면, 인간에게서 문화란 결코 존재하지 않았을 것이다. 이렇듯 문화의 기원을 논의할 때, 우리는 이러한 이중적 측면을 간과해서는 안 된다. 그 같은 맥락에서 칸트는 문화를 "자연의 보호상태(에덴동산)로부터 자유의 상태로의 이행"이라고 정의한다(『칸트의 역사철학』, p.83). 이렇게 보면 우리가 논의하는 문화는 하나님의 문화가 아닌, 인간이 만든 문화, 인간의 문화에 국한됨을 알 수 있다.

문화현상들 속에는 왜 악(惡)의 요소가 들어 있는가

선악과 사건이 매개가 된 문화의 기원에 대한 설명은 문화의 전개 양상에도 상당한 의미를 가지고 있다. 말하자면 문화에서의 윤리(혹은 도덕)의 문제를 논의할 수 있는 단초가 되기 때문이다. 인간의 자유의지의 실행으로 형성된 문화는 그 이면에 악의 요소가 들어 있게 된다. 그리하여 악한 성향을 가진 존재인 인간이 만들어내는 문화현상들 속에는 당연히 선의 요소보다는 악의 요소가 더 많이 들어 있다. 인간의 문화현상들 가운데 나타나는 악의 측면을 칸트는 인간의 '반사회적 사회성(ungeselLige Geselligkeit)'이라는 측면을 부각시킴으로써 상세하게 설명하고 있다(『칸트의 역사철학』, p.29).

인간은 누구든지 그 내면에 서로서로 경쟁하며 투쟁하는 속성을 지니고 있다. 이런 성향들이 강하면 소유욕, 지배욕, 명예욕의 형태로 나타나게 된다. 어떤 면에서, 인간의 문화현상들 속에 악의 요소가 넘쳐나는 이유는 바로 이와 같은 욕구, 욕망의 산물이 문화이기 때문이다. 칸트는 이러한 욕구, 욕망을 인간의 반사회성의 요소로 보고 있다. 결국 인간의 반사회성은 문화 형성의 동기요, 촉매의 역할을 했다고 할 수 있다. 선악과를 따먹음으로 말미암아 하나님과 동등한 능력을 소유하고자 했던 소유욕, 끊임없이 나 아닌 남을, 타자를, 자연을, 세계를 지배하려고 했던 지배욕, 그리고 세상에서 훌륭하다는 평판을 듣고자 했던 명예욕이 문화 형성 혹은 문화 발전의 원동력이 되었다고 할 수 있다. 그런데 이것이 전부인가? 다른 관점에서 보면, 문화현상들 속에도 선한 요소가 들어 있지 않은가? 이 부분은 어떻게 설명할 수 있을까? 이 지점에서 우리는 칸트의 위대성과 천재성을 확인하게 된다.

칸트에 따르면, 인간은 자기 스스로 가지고 있는 경쟁심, 투쟁심, 소유욕, 지배욕, 명예욕에 전적으로 의존하여 문화를 만들어낼 경우, 그 결과가 어떻게 될 것이라는 사실을 예측할 수 있는 존재이다. 그런 면에서 칸트는 인간에게는 스스로를 사회화하려는 경향이 들어 있다고 파악한다. 이 말을 좀더 쉽게 이해해보자. 우리 자신이 갖가지 욕구, 욕망에 휩싸여 문화를 만들어내지만, 그것만이 다는 아니다. 그렇게 했을 경우, 문화를 향유하는 주체가 우리 자신이건, 아니면 우리의 자손들이건 관계없이 '문화 속에서 무엇을 얻을 것이며, 무엇을 계승할 것인가'라는 심각한 문제에 부딪히게 된다. 따라서 이러한 상황 속에서 인간은 스스로 갖가지 욕구, 욕망을 조절하고, 통제하고, 절제하여, 공동의 문화, 선한 문화를 추구하게 되는 것이다. 이러한 측면이 바로 사회성의 요소이다. 이러한 인간의 사회성은 어떻게 가능할까?

철저한 도덕 교육을 통한 사회성의 획득

칸트는 인간의 문화가 예술과 학문을 통해서 문화화되고, 또한 각종 사회적 예의범절을 통해 문명화될 수 있지만, 무엇보다도 교육, 특히 도덕(道德) 교육을 통해 도덕화로 나아가야 한다고 주장하였다. 그런 측면에서 도덕적으로 선한 심성에 기초하지 않은 모든 좋은 것들은 단지 헛된 가상일 뿐이며, 겉만 뻔지르르한 비참함일 뿐이라고 말한다(『칸트의 역사철학』, p.37).

그렇다면 문화 속에서 도덕화의 이념을 실현시키기 위해 칸트가 주장하고 있는 도덕 교육의 내용에는 어떤 것들이 있는가? 첫째는 인간 속에 들어 있는 동물적 본성을 제어하기 위한 훈련, 둘째는 자신이 설정한 목적을 위해 수단을 찾아낼 수 있는 능력과 적성의 개발, 셋째는 시민으로 적합하게 살 수 있는 능력 배양, 넷째로는 단지 목적을 위해 수단을 선택할 수 있는 능력뿐만 아니라 항상 선한 목적만을 선택할 수 있는 심성을 갖게 하는 훈련이다(『교육론』, A23).

지금까지의 논의를 종합해보도록 하자.

인간의 반사회성에 근거한 문화현상들 속에는 악의 요소가 많이 들어 있고, 반대로 인간의 사회성에 근거한 문화현상들 속에는 선의 요소가 많이 들어 있음을 알 수 있었다. 우리는 인간의 사회성은 궁극적으로 도덕 교육을 통해서만 획득될 수 있음을 칸트의 눈을 빌어 확인하였다. 나라는 존재, 우리라는 존재, 인간이라는 존재 속에는 반사회성과 사회성이 동시에 들어 있는 셈이다. 마치 야누스처럼 말이다. 또한 이 두 가지 속성은 확연하게 구분되어 존재하는 것이 아니고, 마치 태극의 무늬처럼 서로 꼬리를 물고 있는 형상이다. 우리의 삶 속에서, 사건 속에서, 행위 속에서 반사회성과 사회성 가운데 어떤 측면이 나타나느냐의 문제는 결국 우리 마음 밭의 쟁기질을 통해 결정될 것이다. 이 대목에서 우리는 그래도 인간만이 사회성을 강조할 수 있고, 또한 문화의 도덕화를 추구할 수 있는 능력을 지닌 존재라는 사실을 믿고 있다. 이러한 믿음 때문에, 우리는 '앞으로 문화가 어떻게 진행되어갈 것인가'라는 문제에 대해서도 회의적인 태도보다는 오히려 낙관적인 태도를 취할 수 있는 것이다. 우리가 이 세상의 그 어떤 존재보다도 '인간에게' 희망을 거는 이유가 바로 거기에 있다. 결국은 인간이 문제이다. 인간에 대한 근원적인 반성과 탐구는 철학의 알파와 오메가이다. 이제 거기에 문화가 더해진다. 이렇게 하여 문화철학에 대한 논의가 시작된다.

문화철학이란?

인간이 만들어놓은 다양한 문화현상들을 상호 비교, 분석하는 것도 의미 있는 일이다. 이러한 분야의 연구는 문화인류학, 민속학, 사회학에서 진행되고 있다. 그렇다면 우리에게 생소한 문화철학이란 무엇을 다루는 분야인가? 우선 문화철학이라는 말은 '문화'와 '철학'의 합성어이다. 문화는 인간이 만들어놓은 삶의 총체이고, 철학은 진리를 추구하여 밝혀내는 학문이다. 그런데 이 두 분야가 합해졌다. 문화든 철학이든 그 출발점은 인간이다. '인간이란 무엇인가?' '나는 누구인가?'라는 질문은 철학의 궁극적인 물음이다. 이 물음에 대해 답하는 방식은 여러 가지가 있다. 철학사에 등장하는 수많은 거장들의 철학사상도 한마디로 압축한다면 이 물음에 대한 답변이라 할 수 있다.

문화철학은 이 물음에 대한 즉각적인 대답을 하지 않는다. 오히려 '문화'라는 우회로를 통해서 간접적으로 대답한다. 왜 그런 길을 택하는가? 인간은 홀로 존재가 아닌 더불어 존재요, 문화적 존재이기 때문이다. 따라서 인간에 대한 해명은 인간 자신이 만들어놓은 다양한 문화현상들을 통해서 접근할 수 있다. 이런 관점에서 문화철학은 다양한 문화현상들 사이에서 나타나는 공통적 요소를 찾아내어 문화의 기원을 밝히고, 나아가 문화 전개의 논리를 제시하는 데 역점을 두고 있다. 이를 통해서 궁극적으로는 문화 형성의 주체인 '인간에 대한 해명'을 시도하는 것이 문화철학의 목표라 하겠다. 이러한 목표를 달성하기 위해서 문화철학은 기존의 철학에서 주로 활용되던 '이성비판'이라는 방식을 이제는 새롭게 '문화비판'이라는 방식으로 대체한다.

문화 해석의 커다란 흐름

'문화' 개념의 유래

문화 해석의 출발점은 문화에 대한 정의(定義)에서 시작한다. 철학자나 문화인류학자, 사회학자들은 자신들의 연구 관심과 분야에 따라 각기 다른 정의를 내린다. 그렇다면 서양에서의 '문화'라는 말은 어떻게 해서 생겨난 것일까? 우리는 독일 철학자 분트(W. Wundt, 1832~1920)가 쓴 『문화와 역사』(1920)에서 그 질문에 대한 대답을 얻을 수 있다. 분트에 따르면, 라틴어 동사 'colere([논밭을] 갈다, 경작하다, 숭상하다)'에서 그 과거분사형인 'cultus([논밭] 경작, [제신] 숭배)'가 나왔고, 여기에서 다시 'cultura(문화, 교화)'가 나왔다. 여기서부터 중세

후기와 르네상스 초기의 'cultura mentis(정신 교화)'라는 표현이 발전되었다. 이것이 문화라는 말이 근대의 언어 속에 도입될 때 취하게 된 인본주의적 의미의 기원이다.

이러한 문화 개념을 광범위하게 사용하고, 그것에 새로운 어의학적 가치를 부여해서 널리 퍼뜨린 최초의 사람은 18세기 독일의 계몽주의 사상가 헤르더(J.G. Herder, 1744~1803)였다. 헤르더에게서 문화는 인간 정신의 산물로서, 정신의 도야(陶冶), 인류의 문명화, 개화, 계몽, 인간화를 의미한다. 그에 따르면 문화의 목표는 한 개인의 품성 개발에 있는 것이 아니다. 오히려 인류 공동체의 실현, 나아가 인류 공동체가 예술과 학문, 법률과 종교를 충분하게 개발하면서 자유롭고 평화로운 삶을 누리는 데 있다. 이렇게 하여, 문화라는 말은 이제 더 이상 '농토 경작'이라는 본래의 물질적 의미로 이해되지 않았다. 그것은 인간과 그의 영적 기능들에 대한 경작 혹은 양성이라는 상징적 의미로 이해되었고, 따라서 그리스어의 'paideia(교육)', 라틴어의 'disciplina(훈련)'와 같은 의미를 지니게 되었다.

문화 개념에 대한 헤르더의 관점을 수용하여 발전시킨 철학자는 칸트와 카시러이다. 칸트에게서 문화란 자연의 보호상태(에덴동산)로부터 자유의 상태로의 이행 과정을 뜻하며, 그런 측면에서 인간의 점차적인 자기해방의 과정이다. 여기에서 한발 더 나아가 카시러는 문화를 "인간의 언어적인 활동들 전체와 도덕적인 활동들 전체"로 규정하고, "창조적 행위자로서 개인의 자유의 표현"으로 파악하였다(SMC, p.12). 이 입장에서

13

는 인간의 의식주를 포함한 인간 활동의 모든 산물들, 말하자면 신화, 종교, 예술, 언어, 과학, 정치, 경제, 법률 등을 모두 문화로 보고 있다.

오늘날 다양한 의미로 쓰이는 '문화' 개념

현대에 들어오면서 각 분과 학문 영역에서 사용하는 문화 개념은 매우 다양하게 나타난다. 그 쓰임새가 공통적인 부분도 있지만, 차이점도 많이 나타나고 있다. 우리는 인류학과 문화사회학 분야의 학자들이 사용하는 다음과 같은 문화 개념을 통해서도 그 점을 충분히 확인할 수 있을 것이다.

학문 분야	학자명	문화 개념의 정의
인류학 분야	E.B. Tylor	·지식, 신앙, 예술, 법률, 도덕, 풍속 등 사회의 일원으로서 인간이 획득한 능력들과 습관들의 총체
	F. Boas	·어떤 공동체의 사회적 관습의 모든 표현들
	R.S. Lynd	·동일한 지역에 사는 사람들의 공동체가 하는 일, 행동방식, 사고방식, 감정, 사용하는 도구, 가치, 상징의 총체
	M.J. Herskovits	·본질적으로 사람들의 생활방식을 표시하는 신념, 태도, 지식, 금기, 가치, 목표의 총체를 기술하는 구성물
	E.T. Hall	·인간의 매체
	C. Geertz	·구체적인 행동양식의 복합체가 아닌, 행동을 지배하는 일단의 제어 기제들

	R. Benedict	·개인이 생활을 영위하는 데 필요한 원자재로 제공되는 것
문화 사회학 분야	R. Bocock	·첫째 토지·곡식·가축의 경작의 의미, 둘째 정신·예술·문명의 배양이라는 의미, 셋째 사회 발전의 일반적 과정의 의미, 넷째 보편적 과정이라는 의미, 다섯째 의미를 생산하는 실천, 의미화하는 실천
	R. Peterson	·집단적 활동을 통해 생성된 상징적 산물들
	R. Wuthnow & M. Witten	·사회적 형태로 산출된 상징적 사물이나 상품
	E.W. Said	·여러 가지 정치적·이념적 명분들이 뒤섞이는 일종의 극장

문화 해석의 두 흐름

우리는 늘 다양한 문화현상들을 만나면서 살아간다. 그 문화현상들이 나에게 의미 있는 어떤 것이 되기 위해서는 우리 자신이 그 문화를 해석해야만 한다. 그런 점에서 문화의 향유는 문화의 해석이 전제될 때 가능하다. 우리가 문화철학적 관점에서 문화를 해석할 때 취할 수 있는 태도는 크게 두 가지 방식이 있을 수 있다. 하나는 '자유의지론(自由意志論)'에 근거한 문화 해석이다. 여기에서는 주로 문화의 기원과 관련하여, 인간이 선악과를 따먹은 사건 이후에 문화가 형성되었다는 점에서, 인간의 자유의지의 측면에 주목한다. 다른 하나는 '문화결정론(文化決定論)'에 근거한 문화 해석이다. 이 입장에서는 문화는 그 자체의 힘에 의해서 진행하지, 인간의 자유의

지와는 무관하다고 주장한다. 문화를 해석함에 있어서 자유의지론의 입장을 취하는 학자로 칸트와 카시러를 꼽을 수 있고, 문화결정론의 입장을 취하는 이로 레슬리 화이트(L.A. White, 1900~1975)와 오스발트 슈펭글러(O. Spengler, 1880~1936)를 들 수 있다.

개인과 문화의 관계

서구의 전통이나 1960년대 미국의 문화인류학에서는 자유의지론의 입장에서 문화를 해석하는 방식이 널리 유행하였다. 문화의 생성과 문화 변화에 대해 책임 있는 주체는 바로 '개인(個人)'이라는 설명이 이 입장의 핵심 주장이다. 실제로 행동하는 것은 개인이며, 모든 문화적 요소들은 개인들의 창조적 행동에서 출발한다는 것이다.

이러한 설명방식을 칸트에게로 가져가보자. 칸트는 자연의 영역과 자유의 영역을 구분하는 관점에서 문화의 기원 문제를 설명하였다. 이미 앞에서도 살펴보았듯이 칸트는 자연의 역사는 신(神)의 작품이기에 선(善)으로부터 시작하고, 자유의 역사는 인간(人間)의 작품이기에 악(惡)으로부터 시작한다고 주장한다. 이러한 관점에서는 선악과를 따먹은 타락 사건, 그러니까 인간이 자유의지를 행사한 범죄가 인간 문화의 원동력이 된다.

칸트는 인간이 자연을 떠나 자연을 노동의 대상으로 삼을 때 비로소 인간의 내적 문화와 외적 문화가 가능하다고 보았다. 그래서 그는 문화가 자연 속에 내재된 유기적 힘에 의해 이루어지는 것이 아니라, 전적으로 인간 자신이 스스로 만든 결과라고 말하고 있다. 우리는 이러한 칸트의 입장을 아래의 인용문에서 확인할 수 있다.

> 인간의 음식, 의복, 외부로부터의 위험을 막기 위한 안식처, 보호수단, 삶을 즐겁게 해주는 모든 오락, 또 인간의 통찰력과 재치, 심지어 인간 의지의 선량함까지도 전적으로 인간 자신의 작품이다(『칸트의 역사철학』, p.27).

이러한 관점에서 볼 때, 칸트에게서 문화는 인간이 스스로 만든 것이며, 인간은 문화를 통해서 자신의 삶을 만들어가는 존재다. 문화는 거칠고 조야한 자연상태에서 좀더 세련된 상태로의 변화를 말한다. 그런 점에서 문화는 '과정적(過程的)'이고, 세대에서 세대로 이어진다는 점에서 '연속적(連續的)'이며 '축적적(蓄積的)'인 특성을 지닌다. 이러한 칸트의 생각은 카시러에게 그대로 전해지고 있다.

한편, 문화결정론자들은 모든 개인은 자신이 태어나기 이전부터 존재하던 문화 속에서 태어난다고 주장한다. 이러한 문화는 그가 태어나는 순간부터 그를 구속하고, 자라고 성숙해지면서 언어와 관습, 믿음, 도구 등을 갖추게 된다는 것이다. 이러한 이유에서 문화결정론자들은 개인에게 인간으로서의 행동에 형식과 내용을 제공해주는 것은 바로 문화라고 주장한다(『문화과학』, p.212).

물론 문화는 인간에 의존하고 있고, 인간이 없이는 문화가 존재할 수 없다. 그렇지만 문화결정론자들은 '문화적 과정'을 설명하는 데 있어서 개인은 무관하다고 주장한다. 인간은 문화적 환경들, 즉 전통(傳統)의 영향을 받으며, 문화는 인간 집단의 삶을 안전하고 지속적으로 만들어주는 기능을 하는 정교한 메커니즘이기 때문이다. 이런 맥락에서 문화결정론자들은 문화적 전통은 그 고유한 법칙에 따라 행동하고 성장하는 하나의 역동적인 체계라고 파악한다. 따라서 문화는 문화 자체의 수준에서 설명해야 한다는 것이 문화결정론자들의 논리이다.

그렇다면 자유의지론과 문화결정론의 관점의 차이는 어떻게 생겨나는 것일까? 그것은 문화를 파악하는 '미묘한 방식'의 차이 때문이다. 자유의지론자들이 문화의 '발생'에 있어서 인간의 '역할'에 초점을 맞춘다면, 문화결정론자들은 '문화 과정' 내지 '문화 변화'의 '원인'을 설명하는 데 주안점을 둔다. 예를 들어, 어떤 민족은 우유 마시기를 좋아하고, 어떤 민족은 싫어하는 상황을 떠올려보자. 문화결정론자들은 어떻게 해서 어떤 민족은 우유를 좋아하고, 다른 민족은 싫어하는지 그 이유에 대해서 궁금하게 생각한다. 그 밖에도, 민족에 따라 장모(丈母)를 기피하는 관습이라든가, 일부일처제, 매장제도, 할례 관습, 젓가락 혹은 포크 사용법 등의 현상들을 설명해줄 근거를 바로 문화 자체에서 찾고자 한다.

이런 맥락에서 문화결정론자들은 문화의 변화를 설명하는 데 있어서 인종이든 개인이든, 한 종(種)으로서의 인간을 고려할 필요를 못 느끼는 것이다. 그래서 이들은 문화 과정을 독자적인 것으로 간주한다. 이는 문화는 문화로써 설명될 수 있다는 생각을 반영하는 것이라 할 수 있다. 이러한 관점에서 인간의 지위는 상호작용하는 문화 과정을 가능하게 해주는 하나의 촉매자이고, 문화 과정의 표현수단일 뿐이다(『문화과학』, p.229).

인간은 문화를 통제할 수 있는가

문화결정론자들의 생각에 따르면, 문화는 인간에 의해 만들어져 일단 작동하게 되면, 문화 그 자체로 생명력을 갖게 된다. 또한 문화의 과정은 자체의 법칙에 의해 결정된다. 그렇다면 인간은 문화 과정에 아무런 개입을 할 수 없는 것일까? 다시 말해, 인간은 문화를 통제할 수 없는가? 이 문제에 대해서도 자유의지론자들과 문화결정론자들은 생각을 달리한다.

먼저 자유의지론자들의 관점부터 살펴보자. 에덴동산에서의 인간의 타락이 문화 생성의 출발점이었듯이, 인간 안에 들어 있는 반사회적 성향, 예컨대 타인과 끊임없이 경쟁하고, 투쟁하려는 마음, 그리고 소유욕, 지배욕, 명예욕 등이 작용하지 않았더라면, 인간에게서 문화의 진보는 불가능했을 것이라고 이들은 파악한다. 그렇기에 역설적이게도 칸트는 불화라든가, 악의적인 경쟁심, 만족할 줄 모르는 소유욕이나 지배욕을 있게 한 자연에 감사해야 한다고 말하기까지 한다(『칸트의 역사철학』, p.30).

 그렇다면 자유의지론자들의 입장에서 볼 때 문화의 미래는 어떻게 되는 것일까? 타락, 악(惡)에서 시작된 인간의 문화, 그 문화의 속성이 악하다면 미래의 문화의 모습은 어떻게 되는 것인가? 쉽게 예상할 수 있는 것은 적어도 인간의 문화가 물질문명화, 비도덕화의 길에서 자유로울 수 없다는 사실이다. 이 지점에서 칸트는 문화의 '도덕화'를 주장한다. 문화의 도덕화라는 이 말에는 문화의 진로에 인간 스스로 '개입(介入)'하여, 그 진로를 '통제(統制)'할 수 있다는 의미가 들어 있다. 그러면 칸트는 과연 어떤 방식을 통해서 그 일을 준비하는가? 바로 '교육(教育)'을 통해서이다. 칸트에 따르면 인간이 문화를 통제할 수 있는 것은 교육 때문에 가능한 일이다. 칸트는 이러한 인간 교육의 목표를 네 가지로 설정하고 있다. 첫째, 동물성을 제어하기 위한 훈련, 둘째, 자신이 설정한 목적을 위해 수단을 찾아낼 수 있는 능력과 적성 개발, 셋째, 시민으로서 적합하게 살 수 있는 능력 배양, 넷째, 단지 목적을 위해 수단을 선택할 수 있는 능력뿐만 아니라, 항상 선한 목적만을 선택할 수 있는 심성을 갖게 하는 도덕적 훈련이다(『칸트의 역사철학』, p.37). 그래서 자유의지론자들은 말한다. 이상과 같은 교육을 인간이 지속적으로 훈련받게 된다면, 인간은 문화를 통제할 수 있으며, 또한 문화의 미래는 도덕화된 형태를 유지할 수 있게 될 것이라고.

이에 반해 문화결정론자들의 입장은 단호하다. 결론부터 말하자면, 인간은 결코 문화를 통제할 수 없다는 것이다. 그 이유는 무엇인가? 모든 개인은 인간 역사의 가장 초기부터 어떤 종류의 문화 또는 문명 속에서 태어난다. 그래서 그들은 '인간은 태어나서 죽을 때까지 그를 둘러싸고 있는 문화에 반응하는 것말고는 무슨 일을 더 할 수 있는가'라고 반문한다. 문화결정론자들은 문화 자체가 거기에 속한 인간으로 하여금 어떻게 생각하고, 느끼고, 행동하는지를 결정짓는다고 파악한다. 그렇다면 문화는 어떻게 진행하는 것일까? 화이트에 따르면, 문화는 도구, 기구, 관습, 신앙의 거대한 흐름이다. 그것들은 그 속에서 끊임없이 서로 상호작용하여 새로운 조합(調合)과 종합(綜合)을 창조해낸다(『문화과학』, p.434).

그런 점에서 현재의 문화는 과거에 의해서 결정되었고, 미래의 문화는 현재 진행되고 있는 경향의 연속이다. 바로 그 점에서 문화는 스스로 만들어진다고 할 수 있다. 이런 입장에서라면 인간은 문화의 진로나 내용을 결정하는 데 아무 일도 할 수 없다는 결론이 도출된다. 화이트의 입장을 요약하자면, 인간과 문화의 체계에서 인간은 종속 변수이고, 문화는 독립 변수이다. 인간이 무엇을 생각하고 느끼는지는 자신의 '문화에 의해서' 결정된다. 그리고 문화는 그 자체의 법칙들에 따라서 작동할 뿐이다.

그렇다면 문화결정론자들은 문화와 교육의 관련성을 어떻게 설명할까? 그들의 설명은 교육을 통해서 문화를 통제할 수 있다고 주장하는 자유의지론자들의 그것과는 대조를 이룬다. 흔히들 자유의지론자들처럼 교육을 수단으로 하여 사회를 변형시켜서 우리의 의지에 들어맞도록 할 수 있을 것이라고 생각하는데, 화이트는 그런 생각에 반대한다. 화이트에 의하면, 교육은 사회의 바깥에 있는 힘이나 수단이 아니라 그 안에 있는 하나의 과정이다(『문화과학』, p.441). 말하자면 그것은 사회 유기체의 생리적 과정이다. 교육은 사회가 그 자체의 목표들을 성취해내기 위해서, 그 자체의 활동을 수행하는 데에 동원하는 수단이다. 교육을 통해서 문화를 통제하는 것이 사람이기보다는 그 반대가 참이다. 공식적이든 비공식적이든, 교육은 새로운 각 세대를 문화체계의 통제 밑으로 끌어들이는 과정일 뿐이다. 그렇기 때문에 화이트는 교육이 바깥으로부터 사회나 문화를 통제하는 것으로 생각하는 것은 진실과는 거리가 멀다고 말한다(『문화과학』, p.442).

이제 다른 각도에서 질문을 제기해보자. 화이트나 슈펭글러가 주장하는 문화결정론은 인간이 아무런 노력을 하지 않아도 문화 변화의 과정이 모든 것을 알아서 처리해줄 것이라고 가정하는 그러한 주장인가? 그렇다면, 문화결정론은 운명론(運命論)이나 패배주의(敗北主義)를 뜻하는가? 이러한 의문에 대해서 문화결정론자들의 입장은 결코 그렇지 않다는 것이다. 인간과 문화의 체계에서 인간이 핵심적인 역할을 수행하고 있다는 점은 분명하다. 그렇지만 중요한 것은 문화 과정의 행위는 인간이라는 유기체로써 설명될 수 있는 것이 아니라 '문화 자체로만 설명될 수 있다는 것이다. 때문에 문화결정론자들은 인간 행동의 목표와 목적은 개인이나 집단의 자유의지에 의해서가 아니라 개인이나 집단의 문화에 의해서 결정된다고 주장한다. 그렇게 함으로써 문화결정론자들은 문화의 다양성, 이질성, 차이성을 인정할 수 있는 이론적 근거를 제공하고자 하였다.

문화는 발전하는가

　우리가 여기에서 다룰 주제는 '문화는 발전하는가'이다. '발전(發展)'이라는 말이 하나의 단계에서 더 나은 다른 단계로의 질(質)적인 변화를 의미한다면, 문화를 논의하는 마당에 이러한 표현이 어울릴 수 있는지 이 자체만도 큰 논란거리가 될 수 있다. 하늘 아래 새것이 없다는 말에서도 볼 수 있듯이, 어떻게 보면 인간의 일생의 삶이나, 인간이 주인이 되어 만들어놓은 갖가지 문화에는 변화만 있을 뿐, 발전은 없을 수도 있다. 그렇다 하더라도 만일 이 상황에서 변화 또는 발전 중 하나를 택해야 한다면, 우리는 아마도 발전을 선택할 것이다. 그것은 (앞에서도 살펴보았듯이) 문화의 기원에서 그 이유를 찾을 수 있다. 자연의 보호상태로부터 자유로의 이행 과정을 문화로 보았던 칸트의 견해를 존중한다면, 현재 우리가 누리고 있는 문화는 인간의 이성적 능력이 최고조로 발휘되어 이루어진 결과라 할 수 있다. 그런 점에서 우리는 적어도 과거의 특정 단계의 문화보다는 현재의 문화가 발전된 상태라고 얘기할 수 있을 것이다. 발전의 관점에서 문화를 논의하자면 그것에 적합한 모형이 필요하다. 우리는 네덜란드의 현대 문화철학자 반 퍼슨(C.A. Van Peursen, 1920~1996)의 관점에서 많은 도움을 얻을 수 있다. 반 퍼슨은 우리 자신의 현재의 문화를 비판적으로 분석하고, 현대 문화가 나아갈 길을 제공하기 위해서 신화적 단계, 존재론적 단계, 기능적 단계라는 문화 발전의 세 가지 모형을 제시한다.

신화적 단계로서의 문화

문화의 신화적(神話的) 단계는 인간이 신비로운 어떤 힘에 사로잡혀 있는 상태를 가리킨다. 그 힘은 다름 아닌 원시인의 신화에 나타나는 비나 바람 혹은 풍년을 가져다주는 신들의 힘이다. 그런데 이러한 신화적 태도가 현대인들의 문화 속에도 여전히 작용하고 있다는 것이다.

반 퍼슨이 신화적 단계 모형을 언급하면서 취하고 있는 기본적인 입장은, 신화적 삶의 양식을 무조건 찬양하는 낭만주의(浪漫主義)나 아니면 그것을 무조건 평가절하하는 합리주의(合理主義) 이 두 가지 오해로부터 벗어나는 것이다. 말하자면 반 퍼슨은, 원시인은 문명과 기술로 오염되지 않은, 자연에 가장 가깝게 살았던 인간의 원래 모습이라고 판단하여 그러한 측면을 무조건적으로 받아들이는 낭만주의의 태도를 비판한다. 다른 한편으로는 신화를 선논리적, 비합리적인 유아적 사고의 단계로서 일종의 언어의 질병으로 파악하는 합리주의자들의 태도도 문제삼고 있다. 그러면서 그는 어떤 하나의 문화가 다른 문화보다 우월하다 혹은 열등하다고 말할 수는 없다는 견해를 피력한다(『급변하는 흐름 속의 문화』, pp.46-47).

반 퍼슨은 신화의 기능에 대해서 설명하면서, 신화는 하나의 '이야기'이지만, 그것은 사람들에게 방향을 제시해주는 특별한 의미를 가진 이야기라고 말한다. 그 이야기의 핵심을 이루고 있는 것은 상징(象徵)이다. 신화는 선(善)과 악(惡), 삶과 죽음, 죄와 속죄, 결혼과 출산, 낙원과 내세 등에 관한 상징을 그곳에 담고 있으며, 이 상징들은 인간의 원초적인 경험을 표현하고 있다. 그런 의미에서 신화는 인간의 행동과 처신에 방향을 제시하는 나침반 구실을 한다. 그렇게 하여 인간은 신화를 통해서 주변 세계에 참여하고, 자연의 힘과 겨루게 된다. 반 퍼슨은 이와 같은 신화적 세계관의 특징을 '참여(參與)'라는 말로 표현한다(『급변하는 흐름 속의 문화』, p.49).

반 퍼슨이 사용하는 '참여'라는 말은, 신화적 태도에서 주체와 대상 사이의 관계를 살펴보면 금방 이해할 수 있다. 안에는 주체(subject)인 사람이 있고, 밖에는 그것을 에워싼 주변 세계, 즉 대상(object)이 있다. 여기서 주체는 닫힌 원이 아니기 때문에 (어느 부분도 예외 없이 속 깊은 곳에 이르기까지) 자연 세계의 영향을 깊이 받을 수 있다. 사람은 열려 있고 또 그렇기 때문에 자연의 힘에 참여한다. 자신을 에워싼 힘에 참여 혹은 관여한다는 것은 사람이 아직 완전히 구별된 개별성을 지니지 않았음을 뜻한다. 그 점에서 주체는 아직 열려 있다. 그러므로 엄격한 의미에서 '자립적' 주체라고 할 수 없다. 마찬가지로 주변 세계도 '대상'이라고 부를 수 없다. 주체와 대상, 사람과 자연의 힘은 구별할 수 없을 정도로 서로 뒤섞여 있다.

반 퍼슨에 의하면, 이러한 신화는 크게 세 가지 기능, 말하자면 주변 세계의 힘을 보여주고, 현재를 보증해주며, 세계에 대한 지식을 제공해준다. 그런 면에서 신화적 체험은 무엇인가 있다는 것에 대한 체험이다. 그리고 신화적 생활공간 안에서는 인간과 세계, 주체와 대상을 엄격하게 갈라놓는 분리선이 존재하지 않는다. 그 이유는 인간이 하나의 완결된 존재를 갖는 것이 아니라 열린 원으로 존재하기 때문이다. 다시 말해 엄밀한 의미에서 이 단계에서의 인간은 주체라고 할 수 없기 때문에 그와 같은 결과가 나타난다. 이러한 측면을 카시러의 언어로 설명해보자. 신화적 단계에서의 원시인의 삶은 생명의 연대성에 근거하여 생명 사회에서 살아간다. 생명 있는 종(種)들에게서는 어떠한 차이도 생겨나지 않고, 모두 동등한 지위를 부여받게 된다. 여기에서는 단절이나 구별보다 끊임없이 유동하는 탈바꿈의 현상이 일어나게 되는데, 바로 그와 같은 사회 유형이라고 할 수 있을 것이다.

한편, 반 퍼슨은 신화적 단계에서의 부정적인 측면에 대해서도 언급한다. 말하자면 이 단계에서는 '주술(呪術)'이 부정적인 힘으로 개입한다. 반 퍼슨의 설명에 따르면, 신화는 초월적인 것을 지향하고, 주술은 내재적인 것을 지향한다. 다시 말해 신화는 종교적 숭배의 성격을 띠고 있고, 주술은 정교한 지배의 성격을 띠고 있다. 그런 측면에서 재난을 피하고 자연의 힘을 억누르고 타인에게 영향을 미치는 일에 주술이 사용된다. 이렇게 되다보면, 신화적 태도 안에서의 신적인 힘은 몇몇 특정한 인물(주술사, 제사장)의 권력으로 변해버린다.

존재론적 단계로서의 문화

　반 퍼슨에 따르면, 존재론적 단계에서 사람들은 자신을 에워싸고 있는 주변 환경과 좀더 거리를 두기 시작한다. 주변 세계에 크게 구속받지 않으며 자신의 삶에 대해서 마치 구경꾼처럼 보게 되고, 인간과 자연 속에 작용하는 힘의 정체를 파악해보려고 한다. 이러한 일련의 변화를 사람들은 '뮈토스'에서 '로고스'로의 전환이라고 일컫고 있다.

　존재론적 반성은 인간을 초월해 있는 것을 지도에 옮기는 기능을 한다. 반 퍼슨은 인간 위에 있는 것, 인간을 압도하는 것, 초월적인 것을 보게 하고 그것을 이해하게 하는 것이 존재론적 사고가 지닌 첫 번째 기능이라고 말한다. 신화적 태도가 자연과 인간에 침투하는 힘에 '참여'하는 것이라면, 존재론적 태도는 인간을 에워싼 모든 것에 '거리'를 둔다. 그리하여 지식(知識)을 통해 초월적인 힘의 존재를 증명해줄 수 있다고 생각하게 되었다. 이런 측면에서 직선을 긋고, 분명한 한계를 짓고, 개념의 경계를 확연하게 구별하는 것은 존재론적 사고가 지닌 힘이라 할 수 있다(『급변하는 흐름 속의 문화』, p.77).

반 퍼슨에 의하면, 신화적 단계의 '참여'는 이제 잘 계산된 '거리'에 자리를 내주게 되었다. 거리란 대상과의 사이에 생긴 거리다. 주체는 대상 밖에 서서, 대상을 마주해 서게 된다. 왜냐하면 그렇게 해야 사태를 한눈에 보고 한계를 설정할 수 있기 때문이다. 사람(주체)은 주변 세계(대상)에 에워싸여 있지 않고 그 바깥에 서 있다. 모든 방향을 향해 열려 있거나 주변 세계의 힘이 스며들어 오는 존재가 아니라, 사물과 맞서 자신을 내세울 수 있는 존재로 등장한다. 주변 세계로부터 거리를 둔다는 것은 단지 이론적인 관심이나 합리적인 설명을 위한 것이 아니다. 세계로부터 거리를 둠으로써 신들과 주술적인 힘으로부터 '해방(解放)'을 보장하자는 것이다. 심지어 신화적 사고 자체를 벗어나고자 하는 의도도 들어 있다. 왜냐하면 이성적 인식은 세계와 인간, 삶과 죽음의 힘과 대결할 수 있는 알맞은 태도로 우리를 인도하기 때문이다(『급변하는 흐름 속의 문화』, p.79).

존재론적 태도의 두 번째 기능은 현재를 보증하는 기능이다. 그런데 현재를 보증하는 방식은 영원한 법칙을 통해, 인간의 삶과 자연의 과정을 지적으로 이해할 수 있는 것으로 만든다. 마지막으로 존재론적 태도가 지닌 세 번째 기능은 지식을 제공하는 것이다. 여기에서는 여러 사람에 의해 통제될 수 있는 체계적 지식에 역점을 둔다. 특히 모든 것의 원인을 추적하고자 애쓴다. 만일 하나의 원인을 발견했으면 또다시 그 원인의 원인을 찾는다. 이런 식으로 하여, 마침내 제1원인에 이르게 된다. 이것은 '실체'라고 불리기도 하며, 모든 사건을 궁극적으로 설명해준다. 반 퍼슨에 의하면, 존재론적 사고는 '무엇', 즉 사물의 본질을 인식하고자 하는 노력이다. 신화적 체험이 도무지 알 수 없는 원초적 힘에 대한 공포 혹은 어떤 것이 있다는 '사실'에 대한 체험이었다면, 여기서 말하는 존재론적 태도는 우리의 존재와 자연 세계의 힘을 인정하면서도 어디까지나 올바른 이해를 통해 사물의 그 '무엇'을 인정하는 것이라고 할 수 있다(『급변하는 흐름 속의 문화』, p.84).

이렇게 하여 존재론적 사고 단계에서 인간은 신(神)들에 대해서도 신들의 '무엇(본질)'에 관해 묻게 되었다. 신들이 존재한다는 사실, 뭐라고 일컬을 수 없는 존재에 대한 공포는 이제 더 이상 문제가 되지 않는다. 사람은 이제 신으로부터 거리를 두게 되었다. 그리하여 신을 관조하는 것은 신비로운 체험의 한 형태이며, 그것은 인간에게 행복을 주고 유한한 인간이 깨달음을 통해 무한하고 영원한 이상과 접촉하는 방식으로 이해되었다(『급변하는 흐름 속의 문화』, p.92).

그런데 존재론적 사고 단계에서도 부정적인 측면이 나타난다고 한다. 그것은 바로 실체주의(實體主義)이다. 반 퍼슨의 설명에 따르면, '실체'라는 말은 원래 그 자체로 존재를 유지하는 것을 뜻한다. 다시 말해 그 자체로 홀로 설 수 있고 다른 것에 의존하지 않는다는 것을 말한다. 때문에 실체주의는 사물들이 모두 제각기 독립해서 존재하는 것으로 보고, 상호간의 의존관계를 인정하지 않는 태도를 일컫는다. 이렇게 되면 결국 사물들은 모든 관계를 상실하는 결과를 초래하게 된다. 실체주의는 모든 사물들을 고립시키고 분리시킨다. 인간, 사물, 세계, 가치, 신 등을 그 자체로 홀로 존재하는 것, 즉 실체로 보게 만든다. 따라서 이들이 맺고 있는 관계는 '단절'된다. 이것은 결국 사고하는 주체의 오만(傲慢)을 드러낸 것이다(『급변하는 흐름 속의 문화』, p.94).

반 퍼슨에 따르면, 이러한 실체주의는 실제 삶에도 많은 영향을 끼쳐 개인주의(個人主義)나 개체주의(個體主義)를 낳았다. 그 결과 실체주의는 모든 것을 경직(硬直)되게 만들었다. 철학과 종교의 이론은 독단으로 고정되기 쉽고, 국가조직과 도덕적 행위는 영원한 법칙에 얽매인다. 인간과 세계는 당대의 과학 수준에서 빌려온 공식에 의해 고정된다. 그리하여 더 이상 어떤 대안도 생각할 수 없을 정도로 사고와 행동이 굳어버린다. 기존의 해법에서 어긋난 일들은 허용되지 않고 창조적 진보를 모색해보는 일도 저지당한다. 그래서 사람들은 한 번 발견된 진리에 마치 노예처럼 복종하게 된다(『급변하는 흐름 속의 문화』, p.96).

반 퍼슨에 따르면, 이러한 측면은 사회구조에도 그대로 반

영된다. 그래서 사람을 마치 얼굴 없는 물건인 것처럼 비인격화하고 규격화하는 경향이 나타난다. 이것은 인간의 생산활동을 신화적인 생활 세계의 맥락이나 존재론적으로 보호받던 가치체계와 지나치게 분리시켜버린 것과 관련되어 있다. 그 결과 노동은 도덕적, 종교적 책임과 무관한 것이 되고 말았다. 말하자면 노동은 합리적, 경제적 활동에 지나지 않는 것처럼 인식되었다. 노동의 결과로 상품이 나오고, 상품이 서서히 인간을 지배하게 되었다. 돈과 지위, 조직사회, 물질주의가 인간의 주인이 된 것이다. 그리하여 인간은 자신이 만든 상품의 상품이 되어버렸다. 과학기술이 점점 영향력을 얻게 되자 인간은 이제 사신의 생산성과 합리적 이성의 산물로 타락했다는 사실을 스스로 느끼게 되었다(『급변하는 흐름 속의 문화』, p.107).

기능적 단계로서의 문화

반 퍼슨은 현대의 문화를 기능적 문화로 간주한다. 이 '기능'이라는 말은 다른 것과의 관계를 통해서 작동한다. 그래서 기능적 사고는 관계와 상관성을 나타낸다. 반 퍼슨에 따르면, 존재론적 사고가 주술의 횡포로부터 일종의 해방을 뜻한다면, 기능적 사고는 실체주의의 고립으로부터의 해방을 말한다. 실체주의가 낳은 결과는 한마디로 '소외현상(疎外現象)'이다. 이러한 소외현상은 상관성을 통해서 극복될 수 있다는 것이 반 퍼슨의 생각이다. 신화적 사고는 인간(주체)과 세계(대상)를 서로 스며들어 있는 관계(참여)로 보았고, 존재론적 사고에서는 거리(초연한 태도)를 둠으로써 지적 인식에 이르는 길이 등장한다. 그에 비해 기능적 사고에서는 인간과 세계의 '상호관계'가 전면에 등장하게 된다. 여기서는 '관계'가 가장 중요하다. 인간 주체와 주변 세계가 서로 마주하고 있지만, 서로 완결된 존재로 그렇게 마주해 있는 것은 아니다. 주체는 대상을 향하고 있고, 대상은 주체를 향하고 있다(『급변하는 흐름 속의 문화』, p.111).

이 기능적 사고 단계에서는 그 자체로 의미 있는 것은 아무 것도 없다. '의미'는 다른 것과 관계할 때 비로소 주어진다. 또한 관계를 맺더라도 어떠한 관계인지가 중심 문제가 된다. 관계를 맺어주는 속성이 문제인 셈이다. 여기에서 반 퍼슨은, 기능적 사고에서는 '윤리적 색채'가 강하게 나타난다고 말한다. 왜냐하면 다른 어떤 것을 위해 존재한다는 것은 윤리적 태도를 동반하기 때문이다. 이것은 예술의 장르에서도 엿볼 수 있는데, 남녀의 사랑을 그릴 경우 두 인물이 서로 마주보도록 그린다고 한다. 그렇게 하여 이제 신체의 아름다움을 보여주는 것은 더 이상 주된 관심거리가 아니다. 반 퍼슨에 의하면, 윤리(倫理)는 거리를 두고 연구하고 분석할 수 있는 보편적 이론이 아니다. 몸으로 기록되고 살갗에 새겨지는 것으로서 윤리가 존재한다는 것이다. 긴장된 상황 가운데, 정치사회적 정책이 주요 쟁점이 되는 곳, 지금 여기 뉴스의 초점을 받고 있는 배후 바로 그곳에 윤리적 결단을 요구하는 문제가 도사리고 있다는 것이다. 따라서 합법성의 문제도 이제는 보편적이고 추상적인 이념에 그치지 않고 구체적인 상황에서의 사회적, 정치적 실천에 관한 것이 되었다(『급변하는 흐름 속의 문화』, p.116).

이제 고정된 규범과 상황은 열리게 되고, 인간 자체도 자신을 열어 타자(他者)로 향하게 된다. 사물들은 서로가 서로를 지칭하고, 사람 바깥에 있는 것은 사람을 가리키고 사람에 대해 뭔가를 말할 수 있게 되었다. 이런 이유로 인해 기능적 사고는 닫힌 체계와 사변적 관찰을 싫어한다. 과거의 형이상학은 혐오의 대상이 되고 만다. 눈에 보이는 세계 배후에 보이지 않는 고차원의 현실이 따로 존재한다는 생각도 수용하지 않는다. 반 퍼슨은 이러한 기능적 사고가 철학의 영역으로 들어오면 '실증주의(實證主義)'로 나타나게 된다고 설명한다.

신화적 세계 속에서 인간은 아직 완결된 인격체로 인정받지 못하였다. 존재론적 세계에서는 주체와 대상, 인간과 세계가 서로 마주 서 있다. 여기서 인간은 자신의 고유한 테두리 안에서 인격으로서의 자기 정체성을 확보한다. 그리고 기능적 접근은 거리를 두기보다 '관계'를 더 중시하기 때문에, 주체와 대상은 서로를 향해 열려 있고 서로 상대방을 지칭한다. 이것은 어렵게 얻은 개인의 정체성이 또다시 상실되었다는 뜻이 아니다. 이 정체성은 따로 동떨어져 있는 것이 아니라 다른 것과의 '관계를 통해' 가능한 정체성으로 이해된다. 이와 같은 관점에서 반 퍼슨은 문화의 속성을 '명사'가 아닌 '동사'라고 말한다(『급변하는 흐름 속의 문화』, p.132). 특히 세 가지 태도 중에서 오늘날 문화의 특성을 이루는 기능적 사고가 이 점을 잘 나타내고 있다는 것이다. 문화는 인간이 자신을 표현하는 방식이고, 자신을 에워싼 세계와 바른 관계를 유지하고자 노력하는 모습이다. 문화는 특히 힘이나 권력과의 관계를 바르게 유지하는 전략이다. 그러므로 신적인 것과의 관계는 한 문화 속에서 항상 가장 중요한 요소로 작용한다. 기능적 단계에서도 이것은 다를 바 없다.

그런데 반 퍼슨은 기능적 단계에서도 하나의 부정적인 측면이 도사리고 있다고 지적한다. 그것은 바로 조작주의(操作主義)이다. 조작적이라는 말은 그 자체에 부정적인 뜻이 들어 있는 것이 아니다. 무엇이 작동하도록 인위적인 노력을 가한다는 뜻을 가지고 있을 뿐이다. 그런데 문제는 다른 것을 향해 가리키는 손가락을 자기 손아귀에 움켜쥐고 있다는 점이다. 열린 것, 다른 것과 관계하는 것을 자신의 힘으로 지배하고자 하는 권력 욕구가 또다시 등장하게 된다. 말하자면 칸트가 누차 강조하던 소유욕, 지배욕, 명예욕이 다시금 변형된 모습으로 등장할 수 있다. 그래서 반 퍼슨은 현대의 위험은 다름 아닌, 방법, 절차, 조작에 갇히게 되는 상황이라고 지적한다. 이러한 조작주의적 태도는 일상의 삶 가운데도 깊은 영향을 미치게 된다. 예컨대 정치 홍보물, 학교 안내서, 가재도구, 설문지 작성, 광고와 선전 등 수없이 많은 곳에서 인위적인 설득 기술이 암암리에 우리를 사로잡고 있는 사실은 기능주의적 사고의 폐해라고 진단하고 있다. 결과적으로 조작주의는 인간 상호간의 관계를 마치 장기판의 말이나 카드놀이의 숫자에 지나지 않는 것처럼 처리할 위험을 가지고 있다고 하겠다(『급변하는 흐름 속의 문화』, p.141).

우리는 어디에 와 있는가

이상에서 우리는 반 퍼슨의 관점에 따라 문화 발전의 모형을 살펴보았다. 반 퍼슨의 논의대로라면, 우리는 문화를 (신화적 단계, 존재론적 단계, 기능적 단계라는) 확연하게 구분되어 있는 마치 계단과도 같은 것으로 생각할 수 있다. 그래서 위쪽 단계로 올라갈수록 더 발전된 형태의 문화라고 말할 수 있을 것 같다. 그러나 사실상 각 단계의 구분은 그리 간단치 않아 보인다. 정확히 말하면, 인간의 문화 속에는 어떻게 보면 이 세 단계의 층들이 공존하고 있는 것이 아닐까? 마치 칸트의 관점처럼, 문화 형성의 원동력인 동시에 그 문화 속에서 인류가 추구해야 할 궁극적 가치를 제공하고 있는 것이 바로 인간의 '반사회적 사회성'이었듯이 말이다. 그렇다면 이제 우리에게 남는 문제는 이런 물음이다. 문화의 발전은 기능적 단계에서 완성되는가? 만일 그것이 아니라면 문화 발전의 모형은 순환되는가? 어쨌든 이런 해결되지 않은 문제에도 불구하고, 우리가 현대의 문화를 비판적으로 파악하는 데 있어서 반 퍼슨의 관점은 대단히 흥미롭다고 해야 하겠다. 이제 우리의 시선을 안으로 돌려야 할 때다. 우리의 문화는 어느 단계에 와 있는가? 우리의 삶은 어느 단계에 와 있는가? 나는 어느 단계의 사고를 하고 있는가? 이 물음에 대한 답변은 전적으로 우리 자신의 몫이다.

문화의 보편성과 특수성

우리가 인간의 다양한 문화현상들을 철학적 논의의 대상으로 삼으면, 제일 먼저 문화의 보편성(普遍性)과 특수성(特殊性)의 문제를 고민하게 된다. 이것은 보편문화와 특수문화에 대한 논의이기도 하다. 언뜻 보면 간단한 문제지만, 하나씩 따져 묻게 되면 결코 쉬운 해답이 나오지 않는다. 여기서는 이 문제의 올바른 이해를 위해서 몇 가지 물음과 이에 대한 답변의 방식으로 논의를 이어가보도록 한다.

문화를 해석하는 객관적 기준은 있는가

첫 번째 물음은 '우리는 자신의 문화를 넘어설 수 있는가이다. 인간이 인간 이외의 어떤 대상을 만나거나 인식할 때, 아니면 내가 나 이외의 타인을 만나 그를 알게 될 때, 우리는 저마다 자신의 선이해(先理解), 선판단(先判斷)에서 출발하게 된다. 이렇게 되면, 우리의 인식이나 앎이 객관적이 아닌 주관적인 것으로 될 수 있다. 마찬가지로 우리는 각자 자신의 문화권에 익숙한 삶을 살고 있다. 그렇다면 자신의 문화를 넘어서 타인의 문화를 객관적 관점에서 이해할 수 있는 길이 있을 수 있는가? 그 일이 가능하다면 어떤 조건에서 가능한 것일까?

첫 번째 물음과 관련하여 여기에서는 현대의 대표적인 문화이론가이자 문화인류학자인 에드워드 홀(E.T. Hall)의 견해를 참고하려고 한다. 홀은 우리 인간이 동일한 시간을 사용하고 있음에도 불구하고 그 시간에 서로 다른 의미를 부여하고 있다는 점에 착안하여, 이를 문화 이해에 접목시키고 있다.

이를 위해 홀은 『문화를 넘어서』(1976)에서 두 가지 시간관을 예로 든다. 하나는 북유럽 전통의 모노크로닉한(monochronic) 시간관이며, 다른 하나는 라틴아메리카나 중동 그리고 아시아 지역의 폴리크로닉한(polychronic) 시간관이다. 홀은 각기 다른 두 가지 시간관에서 비롯되는 문화의 특징을 제시하고자 한다. 이러한 홀의 작업은 문화의 차이, 문화라는 얼굴의 패러독스를 확인할 수 있는 계기를 제공해준다.

모노크로닉한 시간

모노크로닉한 시간관의 가장 큰 특징은 선형적(線形的) 사고를 한다는 것이다. 무슨 일을 하더라도 대개 한 번에 하나씩 해나가는 편이다. 그러기 위해서는 마음속으로든 구체적으로든 일종의 스케줄, 시간표, 프로그램이 필요하다. 이러한 시간관에 익숙해 있는 서구인들은 사회생활, 경제생활, 심지어 성생활조차도 철저하게 시간에 지배되는 경향이 있다.

북유럽 전통의 모노크로닉한 시간체계에서 성장한 사람들에게, 시간은 미래와 과거를 선후로 하여 이어지는 길이나 띠에 눈금을 표시한 '직선'과도 같은 것이다. 이는 철학적으로 볼 때 아리스토텔레스적인 시간관의 반영이라고 할 수 있다. 그래서 이들에게 시간이란 구체적인 실체이다. 때문에 그들은 시간에 대해서 '절약한다' '쓴다' '낭비한다' '잃어버린다' '낸다' '쏜살같다' '느리다' '기어간다' '떨어지다' 따위로 표현한다. 홀은 여기에서 이러한 비유적 표현들을 대단히 중요하게 간주하고 있다. 왜냐하면 그러한 표현들 속에는 모든 것을 구축하는 무의식적인 결정인자나 틀로서 상정되고 있는 시간에 대한 기본적인 태도가 드러난다고 보기 때문이다(『문화를 넘어서』, p.43).

홀에 의하면 모노크로닉한 시간관에 의한 시간 짜기는 삶을 질서 짓는 분류체계로서 이용되고 있다. 출생과 사망을 제외한 일생의 모든 중대사가 시간으로 짜인다. 모노크로닉한 시간관의 이런 체계가 없었다면, 인간에게서 공업문명은 발달하지 못했을 것이라고 홀은 진단한다. 그런데 모노크로닉한 시간관은 장점뿐만 아니라 치명적인 결함도 가지고 있다. 모노크로닉한 시간관은 개인을 집단으로부터 '격리'시키고, 특정 개인, 기껏해야 두세 사람과 관련 맺는 관계를 강화시켜놓았다. 그런 측면에서 모노크로닉한 시간관은 사생활을 보장해주는 '밀폐된 방'과 같다.

또한 모노크로닉한 시간관은 자의적이고 강제적인 성격을 가지고 있다. 그러한 시간관념은 인간 고유의 리듬이나 창조적 충동에 내재하는 것도 자연에 내재하는 것도 아니다. 그것은 철저하게 습득된 것이다. 모노크로닉한 시간관에 익숙한 사람들은 대개 시간표를 실재하는 것으로 연상하고, 자아 또는 자신의 행동을 생활과 분리된 별개의 것으로 여기는 공통된 실수를 범하게 된다. 그렇기 때문에 모노크로닉한 시간관은 우리를 자아로부터 소외시키고, 넓은 의미에서 전체의 맥락을 파악하지 못하도록 만들기도 한다. 모노크로닉한 시간관은 마치 '대롱을 통해서 사물을 바라보는 것'과 흡사하게 우리의 시야를 편협하게 만들며, 또한 우리의 사유활동에 미묘한 방식으로 깊숙이 영향을 미침으로써 우리의 사고를 단편화시킨다.

만일 모노크로닉한 시간관의 체계가 행정(行政) 기능적인 측면에 활용될 경우, 이곳에서 사람들은 활동을 시간표화하고 각 부분의 업무 분석은 개인에게 일임하게 된다. 모노크로닉한 시간관에 속한 사람들은 일이 구획화되어 있기 때문에 자신의 활동을 보다 큰 전체의 맥락 속에서 살피는 경우가 비교적 적다. 이는 그들이 '조직'을 지각하지 못한다는 뜻이 아니다. 업무 그 자체나 더욱이 조직의 목표를 보다 큰 맥락 속에서 살필 경우가 거의 없다는 말이다(『문화를 넘어서』, p.48).

폴리크로닉한 시간

폴리크로닉한 시간은 비선형적 사고와 비슷하다. 이러한 시간관의 특징은 몇 가지 일이 동시에 발생한다는 점이다. 이 체계에 속한 사람은 미리 계획을 세워 그것을 지켜나가기보다는 사람끼리 이루어지는 관계나 일 처리 과정에서의 성취도에 역점을 둔다. 폴리크로닉한 시간관에 익숙한 사람들은 한꺼번에 여러 사람들과 교제하면서 끊임없이 서로에게 간섭한다. 이들이 시간표에 맞춰 산다는 것은 거의 불가능한 일이다.

만일 폴리크로닉한 시간관에 익숙한 사람들이 사회조직을 구성할 경우, 거기에는 강력한 통제의 집중화가 요구된다. 그리고 그 조직은 비교적 천박하고 단순한 구조를 특징으로 한다. 왜냐하면 상위의 인물이 항상 많은 사람들을 거느리며, 그 사람들은 대개 일이 돌아가는 상황을 파악하고 있기 때문이다. 그들은 같은 공간에 지내면서 서로 깊이 개입하도록 양육되며, 상황을 파악하기 위해서 끊임없이 질문을 주고받는다. 그러한 환경에서는 권력기관의 대표를 파견하거나 관료제적 차원의 강화를 위해 과도한 양의 업무처리를 요구해서는 안 된다(『문화를 넘어서』, p.47).

한편, 폴리크로닉한 시간체계의 관료기구가 안고 있는 중대한 결함은 업무 기능이 늘어남에 따라 작은 관료기구가 증식하고, 그와 더불어 외부인과의 문제를 다루는 데 곤란을 겪게 된다는 점이다. 예컨대, 폴리크로닉한 시간체계를 가진 국가에서는 무슨 일이라도 성사시키려면 그 나라 사람이나 아니면 연줄이 있어야 한다. 관료기구는 모두가 배타적이기는 하지만 폴리크로닉한 시간체계에서는 특히 그러하다. 우리나라의 경우에도 혈연, 학연, 지연에 따라 대소사가 결정되곤 한다. 이런 현상들을 떠올려본다면, 우리 문화 속에도 폴리크로닉한 시간체계가 강하게 자리잡고 있다고 할 수 있을 것이다.

폴리크로닉한 시간관에 익숙하게 되면, 행정의 기능 수행의 측면에서도 여러 가지 특징들이 나타나게 된다. 여기에서의 행정과 통제는 주로 '업무분석'을 중요시한다. 행정은 각 부하 직원의 업무를 파악하고 그 일에 따른 활동을 확인하는 것으로 이루어진다. 그런 다음 명칭을 정하고 행정관으로 하여금 일의 진척 상황을 확인할 수 있도록 잘 정리된 차트를 가지고 종종 점검하기도 한다. 그러한 방법으로 개개인에 대한 완벽한 통제가 가능하다고 생각한다(『문화를 넘어서』, p.48).

이상에서 우리는 홀의 논의를 따라 서로 다른 시간관에 대해 살펴보았다. 모노크로닉한 시간이든 폴리크로닉한 시간이든 거기에는 각각의 장단점이 있음을 확인할 수가 있다. 폴리크로닉한 시간체계의 관리자는 일을 분석할 수 있는 속도에는 한계가 있지만, 일단 분석이 되면 적절한 보고를 통해 놀라우리만큼 많은 수의 부하직원을 다룰 수 있다. 그럼에도 불구하고 폴리크로닉한 시간 모델에 의해 운영되는 조직은 그 규모에 한계가 있고, 재능 있는 관리자에 대한 의존도가 크다. 또한 폴리크로닉한 시간체계 이외의 외부 업무를 취급할 경우에는 일이 더디고 번거로워진다. 재능 있는 인물이 부재하는 폴리크로닉한 시간체계의 관료제는 많은 사람들이 경험하듯이 재난을 만난 듯 움직인다.

한편 모노크로닉한 시간체계의 조직은 그와 반대로 움직인다. 이 조직은 폴리크로닉한 시간체계보다 훨씬 더 대규모화될 가능성이 있고, 사실 그렇다. 그러나 모노크로닉한 시간 유형의 조직은 관료기구를 증식시키는 대신 통합한다. 모노크로닉한 시간조직의 맹점은 그 구성원의 비인간화에 있다. 반면, 폴리크로닉한 시간조직은 우발적인 사건이 벌어졌을 때 전적으로 우두머리에게 의존해야 하기 때문에 그가 모든 일을 관장해야 한다는 점이 맹점이다. 때문에 모노크로닉한 유형의 관료기구는 대규모화될수록 자신의 구조에 맹목적이 됨으로써 폐쇄적으로 변한다. 그 결과 갈수록 경직화되며, 그 본래의 목적이 지닌 비전(vision)을 상실하는 경향마저 있다(『문화를 넘어서』, pp.49-50).

이런 점을 상기해볼 때, 한국 사회의 정당제도 및 관료기구는 (홀의 용어대로 한다면) 폴리크로닉한 체계에 매우 가깝다고 할 수 있다. 특정 정치인에 의존하는 정당구조, 지역이나 지역 정서를 볼모로 하는 정치행태, 모든 권력이 대통령 1인에게 집중되어 있는 대통령중심제 등의 요소들이 폴리크로닉한 체계의 전형적인 요소들이라고 할 수 있다.

지금까지의 논의를 정리해보자. 우리는 상이한 시간관을 통해서 나타날 수 있는 서로 다른 문화 유형을 살펴보았다. 이러한 논의를 통해서 우리는 하나의 절대적 기준만으로는 문화를 온전하게 파악할 수 없다는 사실을 확인할 수 있었다. 동일한 시간현상이라 하더라도 폴리크로닉한 시간과 모노크로닉한 시간의 서로 역설적인 모습을 발견할 수 있었듯이, 우리의 문화 속에도 결국 특정한 관점에서는 이해되지 않는 역설적인 모습들이 들어 있다고 유추할 수 있을 것이다. 이런 관점에서라면, 문화의 보편성과 특수성에 관한 논의에 있어서 적어도 필자의 입장은 문화의 특수성에 대한 인식과 그것에 대한 인정이 문화철학에서 최우선 조건이 되어야 한다는 것이다. 이제 우리는 다음과 같은 질문에 답해야만 한다. 우리는 결국 자신의 문화를 넘어설 수 없는가? 이 물음은 문화의 지역화와 세계화에 대한 논의가 된다.

문화의 지역화와 세계화

두 번째 물음은 '문화의 지역화와 세계화 현상을 어떻게 볼 것인가이다. 우리에게는 이 두 번째의 물음이 가장 첨예한 사안이 되고 있다. 정치의 영역, 경제의 영역에서 시작되었던 세계화의 열풍이 온 세계를 뒤덮어버렸고, 이러한 현상은 마침내 한국에서도 그대로 재연되었다. 모든 분야에서 가장 강력한 구호로 떠오른 '세계화' 앞에서 학문의 영역도 예외가 될 수 없었다. 문제는 세계화란 도대체 무엇을 의미하는가 그리고 이 물음이 문화에 대한 논의에도 그대로 적용될 수 있는가 하는 점이다.

사실 세계화라는 말은 최첨단 산업기술 시대와 더불어 나타난 표현일 것이다. 매체비평가이며 문명비평가로 유명한 맥루한(H.M. Mcluhan, 1911~1980)은 인류의 역사를 네 가지 주요 단계로 설득력 있게 제시한 적이 있다. 맥루한은 자신의 책 『미디어의 이해』(1964)와 『구텐베르크 은하계』(1964)에서 인류의 역사는 구어시대(oral age), 문자시대(literate age), 인쇄시대(Gutenberg age), 전기시대(electric age)로 구분된다고 말한다. 첫 단계인 구어시대의 사람들은 공동생활을 하며, 구두(口頭)로 의사소통을 하기 때문에 시각, 청각, 후각 등의 다섯 가지 감각을 동시에 사용하는 복수 감각형이었다고 한다. 둘째 단계는 약 2천 년 전의 한자(漢字)나 알파벳의 발생 이후부터 시작된 문자시대 혹은 필사시대이다. 이때부터 차츰 사람들은 시각형(視覺形) 인간으로 변형되었지만 문자를 사용하는 사람이 극히 적었기 때문에 여전히 이전 시대와 마찬가지로 복수 감각형의 인간이 지배적이었다. 셋째 단계는 15세기 구텐베르크의 활판 인쇄술 발명 이후부터 전기매체가 등장하기까지의 약 4세기 동안의 시대(일명 구텐베르크 시대)다. 이 시대의 사람들은 인쇄술에 의한 의사소통에 크게 의존하였으며, 사람들은 시각에 주로 의존하는 부분 감각형 인간이 되었다. 그래서 인간의 사고는 선형(線形) 혹은 연속적 패턴을 띠었으며, 인쇄매체의 발달은 개인주의와 민족주의 경향을 촉진하게 되었다. 마지막 단계는 20세기의 전기매체 시대다. 전기매체의 발달로 세계는 점차 하나의 지구촌(global village)으로 발전하게 되어, 인류를 과거의 구술문화가 우세한 시대로 복귀하게끔 만들었다. 말하자면, 전자매체는 이성적이기보다는 감성적인, 시각적이기보다는 촉각적인, 파편적이기보다는 통합적인 성격을 가진 문자 이전의 인간형을 부활시키고 있다. 그리하여 일종의 재부족화 현상이 일어나 사람들은 시각형 인간에서 복수 감각형으로 되돌아가게 된다. 결국 맥루한에 따르면 텔레비전, 라디오, 전화, 컴퓨터와 같은 새로운 전기시대의 매체는 새로운 환경을 형성하여 인간의 감각·지각의 방식과 삶의 방식을 근본적으로 바꾸었고, 결과적으로 인간의 전체 삶의 조건을 변화시켜놓았다는 것이다.

우리가 맥루한의 견해를 존중한다면, 우리가 살아가고 있는 현재의 상황은 지구촌 시대라 할 수 있다. 지구촌이라는 삶의 양식은 공통의 문화를 만들어내고, 그것이 하나의 거대한 담론의 형태를 띠고 우리의 삶 속에 강력하게 스며들게 된다. 세계화의 현상도 이러한 맥락에서 설명하고 받아들이려는 것이 우리 사회의 일반적인 경향처럼 보인다. 일반 시민들은 여기에서 더 나아가 특정한 형태의 공통점을 이끌어낸다. 말하자면 경제적 관점을 가장 큰 요소로 받아들이는 분위기다. 그 결과 외국어 조기 교육 열풍이 일고, 청소년 시기부터 외국으로

어학연수나 유학을 가는 진풍경이 생겨나고 있다. 이러한 현상 이면에는 무한경쟁의 시대에서 살아남아야 한다는 강박관념이 작용하고 있다. 결국 이제는 서구식으로 되는 것, 특히 미국식으로 되는 것이 세계화의 요체라고 각인되어버렸다.

그렇다면 지구촌 시대의 문화는 어떠할까? 모든 민족과 국가가 공유할 수 있는 공동의 보편적 문화란 가능한 것일까? 모두가 인터넷을 활용하고, 최첨단의 미디어 기술을 활용한다고 해서 그들의 문화조차도 동일할 수 있을까?

많은 인류학자들은 문화현상에 대한 올바른 접근과 이해방식을 상대주의적 관점에서 제시하고 있다. 이런 경향은 문화의 특수성을 인정하는 태도이다. 한국의 상황만 보더라도 그렇다. 각 지역에는 그 지역만의 문화의 특수성이 자리잡고 있다. 문화는 사실상 지역성, 특수성, 개별성을 근본 속성으로 하고 있다. 오늘날 우리의 삶의 조건들이 아무리 세계화라는 조류 속에 놓여 있다고 해도, 문화의 세계화는 문화의 지역화에서 시작될 수밖에 없는 것이다. 문화의 지역화를 말한다고 해서 문화의 폐쇄성을 이야기하는 것은 결코 아니다. 말하자면, 가장 한국적인 것이 가장 세계적인 것이 될 수 있다는 의미이다. 예컨대 한복의 맵시라든가, 판소리의 구성짐, 김치의 맛깔스러움이 대표적인 예가 되겠다.

우리가 여기에서 문화의 지역화, 문화의 상대성을 주장한다고 해서 그러한 주장이 곧장 문화의 갈등과 충돌의 요인이 되는 것은 아니다. 가장 한국적인 것을 우리 스스로가 자랑스럽게 여기고 그것을 보존하고 아끼듯이, 또한 우리는 다른 지역, 다른 민족, 다른 국가의 그것 역시도 존중하는 태도를 가져야만 한다. 이는 문화 배척의 태도라기보다는 문화 포용의 태도가 될 것이다. 이렇게 본다면, 다문화 시대를 살아가고 있는 오늘날 우리에게 가장 절실하게 요청되는 태도는 사실상 문화의 지역성, 문화의 상대성에 대한 인식과 인정일 것이다.

그런데 이러한 견해에 대해서 부정적인 입장을 보이는 학자도 있다. 현재 가장 왕성한 활동을 하고 있는 유명한 정치학자이자 문명비판가인 사무엘 헌팅턴(S.P. Huntington, 1927~)은 문화를 포함한 문명이 탈냉전 시대에서 전개되는 결집, 분열, 갈등의 양상을 규정한다고 주장하였다. 그러면서 다극화, 다문명화된 현대 사회에서 보편적 문명으로서의 서구 문명의 지배력은 점차 사라진다는 것이다. 그리하여 이제 세계는 서구 문명의 오만함, 이슬람 문명의 편협함, 아시아 문명의 자존심이 복합적으로 작용하여 대결구도로 재편되고, 이들 문명 간의 대규모의 충돌이 불가피하다고 주장하였다(『문명의 충돌』, p.243).

헌팅턴의 이러한 견해에서 볼 수 있는 사실은 문화를 논의함에 있어서 '우리 대(對) 그들'이라는 사유의 틀이 강하게 작용하고 있다는 점이다. 그동안 우리 스스로도 우리의 문화가 아닌 것은 그들의 문화로 간주했으며, 우리의 문화가 우수하면 그들의 문화는 열등하다는 식의 생각을 지니고 있었다고 할 수 있다. 이제 이러한 사유 틀에서 모두 벗어나야 할 시기이다. '우리 대 그들'이라는 사유 틀이 작동하게 된 주된 이유는 문화와 제국주의의 문제를 검토하게 되면 곧 해명될 것이다.

문화와 제국주의

세 번째 물음은 '문화와 제국주의는 어떤 관계인가'이다. 이 물음은 보편문화에 대한 논의와도 밀접한 관련이 있다. 오늘날 우리가 세계에서 유행하는 문화, 흔히들 말하는 일류 문화를 접촉하고 향유할 수 있는 이유는 어디에 있는가? 매체기술의 발달, 신속한 이동을 가능케 한 교통수단의 발달, 자본주의 사회제도 등이 그 이유가 될 수 있다. 그런데 색다른 각도에서 우리에게 그 이유를 제시하는 문명비판가가 있다. 바로 에드워드 사이드(E.W. Said, 1935~2003)이다.

사이드에 의하면 문화와 제국주의는 긴밀한 관계에 있다. 그 이유는 무엇인가? 사이드에게 있어서 문화란 순수하고 지고한 것이 아니라, 정치적, 사회적 이념들의 혼합체이다. 문화란 여러 가지 정치적, 이념적 명분들이 뒤섞이는 일종의 극장인 셈이다. 제국으로 인해 모든 문화는 서로 연결되어 있다. 그 어떤 문화도 단일하거나 순수할 수 없고, 모든 문화는 혼혈이며, 다양하고, 놀랄 만큼 변별적이며, 다층적이다(『문화와 제국주의』, p.41).

사이드의 관점에 의하면 우리 자신이 지금 한국에서 향유하는 문화도 어떤 면에서 보면 이미 은연중에 미국이라는 제국주의와 연결되어 있는 제국주의의 문화라 할 수 있다. 코카

콜라는 세계 어느 곳에서도 살 수 있으며, 영어는 국제 활동의 공용어로 확고하게 자리잡았다. 할리우드 폭력물은 세계 영화 시장을 석권하여 우리 안방까지 파고들었다. 한국의 젊은이들은 미국으로 유학을 떠나고, 그들의 이론과 사상을 한국에 풀어놓는다. 이 땅의 젊은이들은 그들의 학문을 최첨단의 것인 양, 앞 다투어 받아들여 그것을 최고의 것으로 간주한다. 학문의 수입상이 넘쳐날수록 그 분야의 학문은 선도적 학문 분과가 되어 유행을 주도한다. 많이 팔수록 많은 이윤을 남긴다. 그들은 자신도 모르는 사이 제국주의의 시장논리에 빠져들어 출구를 찾지 못하고, 제국주의 문화 전선의 첨병 역할을 자임한다. 그런데도 우리 사회 한 켠에서는 그들을 선도 연구자라고 추켜세운다. 그런 이들을 많이 배출하면 할수록 그 대학은 일류 대학이라는 타이틀을 거머쥔다.

제국주의와 밀접하게 관련되어 있는 문화, 그 문화를 보편 문화로 받아들이는 풍조에서 우리는 무엇을 할 것인가? 그저 손놓고 지켜볼 수만은 없는 노릇이다. 우리도 문화의 보편성과 특수성에 대한 논의에 뛰어들어야 한다. 그래서 우리는 전략적으로 '문화의 보편성' '보편문화'라는 거대 자본의 담론 앞에서 '다문화주의'를 선택하여 주장할 필요가 있다. 왜 그런가? 이미 사이드의 논의에서도 확인할 수 있었듯이, 오늘날의 보편문화란 우리가 인정하든 말든 상관없이 거대 자본을 앞세운 제국주의 문화의 다른 이름에 지나지 않기 때문이다. 다문화주의는 문화의 지역성, 특수성을 인정하는 태도에서 생겨날 수 있으며, 문화 간의 '혼란'과 '분열'보다는 오히려 '통합'과 '공존'을 가능케 하는 입장이 될 수 있다. 때문에 우리가 다문화주의의 입장을 유지한다고 할 경우, 우리는 서로 다른 문화들 사이에서 '유연함'과 '관대함'이라는 '열린 태도'를 취해야만 한다. 이러한 태도는 다문화주의를 지켜나가기 위해 요청되는 최소한의 자세이기 때문이다.

고급문화와 대중문화

　　인간의 삶 가운데 중요한 요소로 작용하고 있는 문화, 그
문화에도 층차가 있는 것일까? 고급문화와 대중문화는 어떻게
구별되는가? 사회가 민주화, 개방화, 산업화될수록 문화를 향
유하는 계층은 넓어지며 문화의 종류는 다양해진다. 우리 사
회에서도 한때 (음악 분야에서 볼 수 있었던 현상이지만) 고전음
악을 하는 사람들이 가요, 특히 트로트를 하는 사람들과 어울
리기를 꺼리는 일이 있었다. 그러한 현상은 고전음악은 고급
예술이고 가요는 저급한 대중예술이라는 웃지 못할 기준이 적
용되었기 때문에 일어난 경우이다. 오늘날의 포스트모던 사회
에서는 그와 같은 구분이 아무런 의미를 지니지 못하지만 그
렇다 하더라도 우리는 아직도 우리의 삶 속에서 양자를 무의

식적으로 구분하려는 습관을 가지고 있는 것으로 보인다. 그렇다면 고급문화와 대중문화를 굳이 구분하려는 입장과 두 문화 사이에 아무런 차이가 없다는 입장 사이에는 어떤 철학적 논리가 숨어 있는 것일까?

고급문화

음악, 미술, 회화, 건축, 문학 등을 포괄하는 개념으로서의 문화에 '고급'이라는 형용사가 붙어 만들어내는 고급문화란 무엇을 의미하는가? 고급문화를 주장하는 이들의 논리를 단순화시켜보면 다음과 같이 도식적으로 말할 수 있을 것이다.

① 문화는 문화인의 산물이다.
② 문화인은 볼 줄 아는 안목을 지닌 존재다.
③ 볼 줄 아는 안목은 체계적인 교육과 훈련을 통해서 길러진다.
④ 결국 문화는 아는 것만큼 보이며, 또한 아는 것만큼 향유된다.

위의 도식을 따라 고급문화를 설명해보자. 고급문화는 특정한 부류에 속한 문화인들의 산물이다. 이들은 일반 대중들과는 달리 사물의 본질을 꿰뚫어볼 수 있는 안목을 지니고 있다. 그러한 능력은 어려서부터의 체계적인 교육과 훈련 덕분이다.

이러한 자질과 능력을 갖춘 이들만이 문화를 제대로 향유할 수 있다.

이상과 같은 관점에서라면, 평범한 우리들이 제대로 고급문화를 향유하기란 어쩌면 근원적으로 불가능하다고 해야 옳을 것이다. 왜냐하면 평범한 우리로서는, 적어도 필자의 경우는 앞에서 나열한 네 가지의 항목 가운데 어느 하나에도 해당되지 않기 때문이다. 그렇다면 왜 이들은 고급문화와 대중문화를 구별하려고 하는 것일까? 그 이유는 의외로 간단하다. '차별의식' '구별의식' 때문이다.

고급문화를 내세움으로써 그것을 향유할 수 있는 집단을 제한할 수가 있다. 한정된 소수의 특정인만이 문화를 누릴 수 있는 기회를 획득한다. 이들은 우리 사회의 곳곳에서 전문가로 활동한다. 이들의 논의가, 이들의 비평이, 이들의 교육이 문화 현장과 문화 교육에서 커다란 비중을 차지하게 된다. 이 분야의 전문가가 되기 위해서는 누구라도 그들에게 머리를 조아려야 한다. 전문가들 사이에서 자연스럽게 형성되는 문화 권력은 세습되는 속성을 지니고 있다. 그래서 대개는 권력의 되물림 현상이 반복된다. 그들에게서 문화는 자신들의 지위와 권위와 권력을 유지해주는 가장 중요하면서도 드러나지 않는 절묘한 수단이다. 만일 그들에게 대항 세력이 나타나면 그들은 곧장 반대 세력들을 향해서 '문화의식'을 고양해야 한다고, '문화인'이 되어야 한다고 설득하며 선동한다. 그 설득은 언론을 통해서, 매체를 통해서 손쉽게 그러나 강력하게 진행되어

사회에 큰 반향을 불러일으킨다. 그리하여 그들의 권력은 항상 유지, 보존된다.

대중문화

한편 고급문화와 대중문화 사이에는 아무런 차이도 없다고 주장하는 이들은 위에서 살펴본 고급문화 예찬론자들의 주장에 즉각적인 반기를 든다. 이들의 주장은 대체로 프라그마티즘(pragmatism)이나 포스트모더니즘(postmodernism)의 논의에 영향을 받아 한결 속도를 더하고 있다. 이들의 논리는 무엇인가?

① 문화는 사회 구성원들의 산물이다.
② 사회 구성원들은 더불어 살 줄 아는 지혜를 지닌 사람들이다.
③ 더불어 살 줄 아는 지혜는 생생한 삶의 현장 속에서 길러진다.
④ 결국 문화는 더불어 살 줄 아는 지혜를 지닌 만큼 보이며, 또한 향유된다.

이제 위의 도식을 따라 문화를 설명해보자. 문화는 특정 집단이나 개인에 의해서 만들어지는 것이 아니라 사회 구성원 전체의 삶의 표현이다. 문화를 만들어내고 향유하는 주체인 사회 구성원 각자는 사회라는 울타리 안에서 더불어 살 줄 아

는 지혜를 지니고 있다. 그들의 그러한 지혜는 교육이나 훈련
이라는 인위적인 계기를 통해서라기보다는 기쁨과 슬픔, 분노
와 환희, 희망과 좌절, 배신과 용서가 교차되는 질퍽한 삶의
현장 속에서 체득된다. 때문에 그들에게서 문화란 특정인을
위한 전유물이 아닌, 더불어 살 줄 아는 지혜를 가진 모든 이
들의 공유물인 셈이다. 이들이 이와 같이 고급문화와 대중문
화 사이에는 아무런 구별도 차이도 존재하지 않는다고 주장하
는 이유는 무엇인가? 그것은 바로 '평등의식'과 '연대의식' 때
문이다.

  하나의 예술작품을 예로 들어보자. 고급문화론자들은 예술
작품에 대한 참된 감상은 이해와 해석을 통해서 가능하다고
말한다. 이를 위해서는 작품에 대한 분석이 필요하고, 이러한
분석은 특정한 교육을 받은 전문가만이 훌륭하게 수행할 수
있는 것으로 설명한다. 이에 대해서 대중문화론자들은 예술작
품에 대한 해석과 분석행위를 일삼는 고급문화론자들의 태도
를 원색적으로 비난한다. 그들은 고급문화론자들이 행하는 작
품에 대한 해석행위를 지식인들이 예술에, 세계에 가하는 복
수라고 간주하며, 이를 예술작품에 대한 강간행위라고 비난한
다(『해석에 반대한다』, p.46).

  대중문화론자들은 왜 이토록 강력한 비난을 퍼붓는 것일까?
이들의 논리를 살펴보자. 대중문화론자들은 예술작품의 비평
의 기능은 예술작품이 무엇을 의미하는지를 보여주는 데 있는
것이 아니라, 예술작품이 어떻게 예술작품이 되었는지, 더 나

아가서 예술작품은 예술작품일 뿐이라는 사실을 보여주는 데 있다고 주장한다. 말하자면 우리는 예술작품에 대해 더 잘 보고, 더 잘 듣고, 더 잘 느끼는 법을 배워야 한다는 것이다. 이는 고급문화론자들이 주장하듯이, 특정한 교육과 훈련을 통해서 작품의 의미를 해석하기 위해서가 아니다. 작품 자체의 반짝임과 작품 자체로부터 스며나오는 유혹을 느끼고, 작품의 말걸어옴에 대해 응답하기 위해서이다.

이런 관점에서라면, 예술작품을 제대로 감상할 수 있는 이는 전문 교육을 받은 사람이 아니다. 오히려 작품의 세계에 동화되어 느낄 줄 아는 사람이다. 그런 능력은 특정한 훈련과 교육을 통해서 길러지기보다는 사람과 사람 사이의 생생한 삶의 현장 속에서 획득된다. 그리고 더불어 살아갈 줄 아는 지혜를 지닌 사람들이라면 그 누구에게나 그런 능력은 공통적으로 주어진다고 할 수 있다. 한 소절의 유행가 가사를 듣고도 가슴을 달랠 줄 아는 사람, 멜로 영화의 한 장면을 보고도 눈물을 쓸어내릴 줄 아는 사람, 유치원 아들 녀석의 투박한 그림을 보고서도 세상을 아름답게 느낄 줄 아는 사람, 바로 그와 같은 사람들이 진정한 의미에서 예술가이자 문화인이다. 때문에 그들에게서 문화는 누구나 공유할 수 있는 대상이며, 그러한 문화로 말미암아 대중들은 끈끈한 연대를 확인하게 되는 것이다.

우리는 지금까지 고급문화와 대중문화에 대해 살펴보았다. 이쯤에서 우리는 한 가지 공통적인 질문을 받게 된다. 고급문화와 대중문화의 구별과 상관없이, 우리는 나 아닌 나의 아이들에게, 우리의 후손들에게, 우리의 미래 세대들에게 무엇을 남길 것이며, 무엇을 교육할 것인가? 고급문화론자들은 냉철한 지식은 강조하지만 따뜻한 가슴은 보지 못했고, 대중문화론자들은 따뜻한 가슴은 강조하지만 냉철한 지식은 보지 못했다. 그렇다면 이제 우리에게 요청되는 작업은 두 영역의 경계를 좁히고 좁혀 마침내는 허물어버리는 일일 것이다.

상징, 신화 그리고 문화

이성적 존재에서 상징적 존재로

　문화에 대한 논의의 출발점은 인간이다. 인간이 그 문화를 만들었기 때문이다. 인간에 대한 논의에서 기존의 철학적 전통은 인간을 이성적 존재, 합리적 존재, 논리적 존재로 바라보는 시각이 우세했고, 지금도 여전히 그런 전통은 계속되고 있다. 그런데 이러한 전통적인 인간관을 새롭게 수정한 이가 있다. 그가 바로 카시러다. 카시러는 최초의 문화철학자이다. 카시러가 보기에 인간을 해명하는 데 있어서 '이성' 중심의 관점은 인간의 자기 인식의 문제, 즉 '인간이란 무엇인가?'라는 물음에 대해 시원스런 해명을 해주지 못했다. 그는 『인간이란 무엇인가』(1944)에서 그 원인을 세밀하게 분석하여 밝히고 있다. 특히 현대에 들어오면서 니체는 힘에의 의지를 통해, 프로이트는 성적 본능을 통해, 마르크스는 경제적 본능을 통해 인간을 해명하려고 하였지만, 결과적으로는 인간에 대한 논의에서 지적(知的) 중심을 상실하고, 혼란과 위기, 사상의 완전한 무정부 상태에 직면하게 되었다고 판단한다.

현대 철학은 이상야릇한 상황 속에 있다. 예전의 그 어느 시대도 인간성에 관한 우리 지식의 자료적인 면에서 이토록 좋은 처지에 있지는 못했다. 심리학, 민족학, 인간학 및 역사학은 놀랄 만큼 풍부한 그리고 끊임없이 증가하는 사실들을 쌓아놓았다. 관찰과 실험을 위한 우리들의 기술적 기구는 크게 개량되었고, 우리의 분석들은 더욱더 날카롭고 투철하게 되었다. 그럼에도 불구하고 우리는 아직도 이 재료를 구사하고 조직하는 방법을 발견하지 못하고 있는 것으로 보인다. 우리들 자신의 풍족함에 비길 때 과거는 빈약하게 보일지 모른다. 그러나 우리의 사실들에 있어서의 풍부함이 반드시 사상의 풍부함은 아니다. 우리가 이 미궁에서 빠져나오게 하는 아리아드네(Ariadne)의 실타래를 찾는 일에 성공하지 못하는 한, 우리는 인간 문화의 일반 성격에 대한 참된 통찰을 가질 수 없다. 또 개념상의 통일이 없어 보이는 자료들, 즉 서로 아무 연락도 없이 흩어져 있는 자료들의 한가운데서 길을 잃은 자가 될 것이다(EoM, p.22).

카시러의 위의 인용문에서도 볼 수 있듯이, 현대에는 자연과학과 인문과학이 세분화되어 크게 발달하였다. 그에 따라 과학자들과 사상가들은 각기 자기의 전문 분야의 입장에서 인간을 바라보게 되었고, 오늘날 인간관의 초점은 사라지게 되었다. 이러한 상황은 인간의 '윤리적 생활'과 '문화적 생활'에 커다란 위기를 가져다주었다. 그래서 카시러는 현재까지 진행된 인간의 자기인식에 관한 논의는 심각한 위기에 직면하게 되었다고 단정한다. 그래서 그는 풍부한 자료들과 개량된 기술들을 통해서 이제 인간 문화의 일반적 성격을 규명하려고 시도하는 것이다. 카시러는 문화의 성격을 규명하기 위한 하나의 잣대를 제시한다. 그는 문화를 만들어낸 인간, 그 인간을 다시 규정함으로써, 문화에 대한 새로운 이해를 하려고 한다. 이는 인간에 대한 새로운 규정인 셈이다. 카시러는 이렇게 바꾼다. '인간은 상징적 동물이다'라고. '인간은 상징적 동물이다'라는 인간에 대한 새로운 정의를 토대로 카시러는 인간의 자기인식, 자기이해, 나아가 인간이 만들어놓은 정신활동의 총체인 문화 이해를 시도한다. 그런데 카시러의 인간에 대한 규정에서 새롭게 등장하는 '상징' 개념은 어디에서 유래한 것일까?

상징적 동물로서의 인간

카시러가 인간을 상징적 동물로 새롭게 규정할 때, 거기에는 생물학자 윅스퀼(Johannes von Uexküll)의 영향이 크게 작용하였다. 윅스퀼은 객관적이고 행동주의적 방식에 따라, 그리고 해부학적 사실들을 가지고 생명에 대한 견해를 펼쳤던 학자다. 윅스퀼의 이론에 의하면 모든 생명체에는 두 가지 기제, 즉 '인지계통'과 '작용계통'이 들어 있다. 이 두 가지 계통의 협동과 평형이 없으면 생명체는 살아남을 수 없다(EoM, p.24).

우리는 윅스퀼의 주장의 효력을 파블로프 박사의 자극-반응 실험을 통해서 쉽게 확인할 수 있다. 먼저 개에게 아침, 점심, 저녁의 일정한 시간에 먹이를 준다. 먹이를 줄 때는 반드시 종소리를 함께 들려준다. 그런 기간이 한두 달 경과한 후, 이번에는 먹이는 주지 않고 종소리만 들려준다. 종소리가 들리면 먹이를 준다는 예측으로 인해, 개의 입 안에는 음식물을 소화시키기 위한 침이 분비되어 거품이 인다. 이 실험에서 종소리는 개에게 일종의 자극제가 되고, 입 안의 거품은 반응이 된다. 종소리라는 현상은 인지계통을 통해 확인되고, 그렇게 되면 즉각적으로 작용계통을 통해 침이 흘러나오게 된다. 이렇듯 이 세상의 모든 생명체는 자극-반응이라는 체계, 인지계통과 작용계통이라는 두 계통의 상호작용 속에서 살아간다.

그렇다면 인간의 경우는 어떠한가? 인간도 동물인 이상 이 두 가지 계통에 그대로 적용될 수 있는가? 카시러는 인간에게만은 여타의 생명체에서 나타나는 두 가지 계통 외에 한 가지가 더 있다고 주장한다. 그것은 바로 '상징계통'이다(EoM, p.24). 인간에게는 상징계통이 있어서 외부의 자극에 대해서 즉각적인 반응을 하지 않고, 서서히 반응하거나, 아예 반응을 하지 않거나, 아니면 상징적으로 반응을 한다는 것이다. 그러면 상징계통은 어떤 특성을 가지고 있는가? 인간 이외의 생물들은 인지계통과 작용계통을 통해서, 다시 말해서 자극-반응이라는 기제를 통해서 '지금 여기에'라고 하는 시간·공간의 제약 속에서 살아간다. 그렇지만 인간은 상징계통이 있음으로 인해서 시간·공간을 초월하여 다른 동물들보다 더 넓은 세계에서 살아갈 수 있고, 그리하여 새로운 차원 속에서 살 수 있게 되었다. 말하자면, 동물들은 물리적인 우주 안에서만 살아가지만, 인간은 물리적인 우주뿐만 아니라 상징적 우주 안에서도 살 수 있게 되었다는 말이다. 카시러는 언어, 예술, 신화, 종교, 역사, 과학 등은 모두 상징적 우주를 이루고 있는 구성 요소들이며, 상징이라는 그물을 짜고 있는 가지각색의 실이자, 인간 경험의 헝클어진 거미줄이라고 말한다(EoM, p.25).

이런 맥락에서 볼 때, 결국 인간은 본성상 '상징적 동물'이 된다. 그리하여 인간의 지식은 '상징적 지식'이요, 인간의 사고는 '상징적 사고'가 된다. 마찬가지로 인간의 문화도 상징적 형태로 이루어져 있다. 이제 상징은 인간의 문화 속에 가장 중요한 요소로 자리잡게 된다.

상징이란?

상징 자체에 대한 논의는 학자마다 다양하다. 여기서는 문화철학에서의 상징, 특히 카시러와 화이트의 상징 개념을 중점적으로 살펴보고자 한다. 카시러에 의하면, 상징은 정신적 의미가 함축된 일체의 감각현상들이다(『상징형식의 철학』 1권, p.109). 정신적 의미 내용은 상징형식이나 상징형태를 통해서 구체적인 감각 기호와 연결된다. 모든 상징은 상징 기능을 수행한다. 이때의 상징 기능이란 (마치 칸트 식으로 표현해서) 우리의 의식에 주어진 경험 내용을 조직하여, 의미를 만들어내는 구성적인 종합행위를 말한다. 그리고 모든 상징은 인간의 단순한 의사소통의 매개로서 머무는 것이 아니다. 오히려 상징은 인간의 인식행위의 산물이고, 세계 이해를 향한 인간의 관점을 형성한다.

한편 화이트는 상징이란 그것을 사용하는 사람이 가치나 의미를 부여한 하나의 사물이라고 말한다(『문화과학』, p.33). 여기서 사물이라는 말은 상징이 어떤 종류의 물리적인 형태를 취하고 있다는 뜻이다. 화이트의 설명에 따르면, 상징의 의미는 그것을 사용하는 사람에 의해서 나오고 결정된다. 사람이 물리적인 사물에 '의미'를 부여하면, 그 사물은 비로소 상징이 된다는 것이다. 카시러와 화이트의 설명에서 나타나는 공통점은 모든 상징은 어떤 식으로든 물리적인 형태를 갖추어야 한다는 점이다. 왜냐하면 만약 상징이 물리적인 형태를 갖추지 않는다면, 우리 인간의 경험 속으로 들어올 수가 없기 때문이다.

화이트에 의하면, 모든 문화는 상징에 의거하고 있으며, 문화를 탄생시킨 것은 인간의 상징 능력의 행사 덕분이다. 문화의 영속을 가능하게 하는 것도 상징의 사용 때문이다. 그런 맥락에서 만일 상징이 없었다면 문화는 있을 수 없었으며, 또한 상징이 없는 상태에서의 인간은 단순히 동물일 뿐 문화를 가진 존재로서의 인간은 아니다. 그래서 화이트는 상징적 행위야말로 문화를 가진 인간만이 갖는 고유한 특징이며, 인간을 '단순한 동물(mere animal)'에서 '인간적인 동물(human animal)'로 바꾼 것은 바로 상징이라고 주장한다(『문화과학』, p.46).

한 가지 의미만을 갖는 '신호(sign)'와 달리, '상징'은 다양한 여러 의미를 갖고 있다. 동물들도 신호를 사용할 수는 있지만, 상징을 사용하는 능력은 인간만의 고유한 특성이다. 특히 카시러의 논의를 따른다면, 이러한 다양한 상징형태들이 인간의 문화를 구성하고 있다. 언어, 종교, 역사, 예술, 심지어 과학까지도 인간의 삶 가운데 상징형태들로 존재한다고 보아야 한다. 특히 예술의 영역에서는 우리 인간이 상징을 사용함으로 말미암아 물리적 영역이라는 닫힌 세계에서 벗어나 열린 세계, 즉 리듬과 선율, 빛과 어둠, 색채와 이미지의 세계를 경험할 수 있게 되었다.

여기서 잠깐 김춘수의 시(詩) 「꽃」을 떠올려보자.

> 내가 그의 이름을 불러 주기 전에는
> 그는 다만 하나의 몸짓에 지나지 않았다.
> 내가 그의 이름을 불러 주었을 때
> 그는 나에게로 와서 꽃이 되었다.
> 내가 그의 이름을 불러 준 것처럼

나의 이 빛깔과 향기(香氣)에 알맞는

누가 나의 이름을 불러다오.

그에게로 가서 나도 그의 꽃이 되고 싶다.

우리들은 모두 무엇이 되고 싶다.

너는 나에게 나는 너에게

잊혀지지 않는 하나의 눈짓이 되고 싶다.

    김춘수의 시에서 '이름(name)'은 무엇을 뜻하는 것일까? 수많은 꽃들 가운데 유독 하나를 콕 집어내어 이름을 붙여준다는 것은 그것과 나 사이에 연결 통로를 마련한다는 의미가 들어 있다. '이름짓기'는 나와 세계의 관계 맺기요, 내가 세계를 이해하고 설명하는 표현방식이다. 이름을 통해서 우리는 더 넓은 차원의 세계로 나아갈 수 있고, 물리적인 현실을 초월할 수도 있다. 생각해보면 정말 신기할 뿐이다. 이 세상에 존재하는 모든 사물에는 이름이 있다는 사실이. 역으로 이러한 신기한 현상은 인간 세계에서만 가능한 일이지 다른 동물들의 영역에서는 상상할 수조차 없는 일이 아니겠는가? 이렇듯 우리가 사용하는 이름은 한갓 발성에 지나지 않는 것이 아니라, 결국 '의미'를 담고 있는 의미 덩어리임을 확인할 수 있다. 그런 측면에서 인간의 문화 가운데 '이름'이야말로, '언어'야말로 상징의 전형적인 형태라 할 수 있다.

    그런데 많은 언어학자들의 견해에 비추어보면, 오늘날 우리가 익숙하게 받아들이는 명제적 언어(propositional language)보다는 정서적 언어(emotional language)가 언어의 생성 과정에서 먼저 나타났다는 사실을 확인할 수 있다. 이는 언어가 본래 '사고'나 '사상'을 나타내기보다는 '감정'이나 '감동'을 표현하는 것이었음을 말해준다. 다시 말해 언어가 소통의 수단, 약속의 체계라는 의미보다도 일차적으로는 인간의 느낌, 정서, 감정 등을 표현하는 통로로 사용되었음을 의미한다. 이런 현상은 원시 언어로 소급하여 들어가보면 더욱 분명해진다. 원시 원어는 주로 감탄사적인 형태를 띠고 있다. 감탄사란 우리 자신의 정서나 감정을 표현한 것이다. 그런데 원시인들의 언어생활은 그들의 신화적 사고에 지배받고 있다. 그런 점에서 언어와 신화적 사고는 밀접한 관련이 있다. 현대인인 우리 자신의 언어생활에서도 신화적 사고의 요소를 쉽게 찾아볼 수 있다. 예컨대 우리는 일상적인 말을 할 경우 주로 '개념적'으로 말하는 것이 아니라 대체로 '은유적'으로 말한다. 예를 들면 "나는 너를 믿어" "당신과 매일 아침식사를 함께하고 싶어요" "오늘 반찬은 간간하군요" 등과 같은 표현들이다. 우리의 언어생활에서 은유적인 표현은 회피할 수 없는 일이다. 이렇듯 상상적인 말, 은유적인 말은 신화적 사고의 근본적인 기능과 밀접하다고 하겠다.

신화적 사고의 특징

신화적 사고는 원시인의 삶의 방식에서 잘 나타난다. 카시러에 의하면 신화의 하층구조는 '사고'로 되어 있지 않고 '감정'으로 되어 있다. 다음의 인용구에서 우리는 원시적 사고의 특징을 잘 확인할 수 있다.

신화에서 보여지거나 느껴지는 것은 무엇이든지 어떤 특별한 분위기(atmosphere)에 둘러싸여 있는데, 이것은 즐거움 혹은 슬픔, 괴로움 혹은 흥분, 환희 혹은 우수의 분위기다. 이러한 분위기에서 사물들에 관해 말할 때, 그 사물들을 생명 없는 물건으로, 혹은 냉담한 물건으로 말할 수가 없다. 모든 대상은 다정하거나 악의(惡意)에 차 있으며, 우애적이거나 적의(敵意)를 가졌으며, 친밀하거나 무서워서 기분 나쁘며, 또는 마음을 끌고 황홀하게 하는 것이 아니면 징그럽거나 위협적이다(EoM, p.77).

위에서 볼 수 있듯이, 원시인들이 지닌 사고방식의 특징은 논리에 있는 것이 아니라 일반적인 생활 감정에 있다. 신화가 감정과 정서의 소산이기 때문이다. 그러한 정서적 배경은 모든 창작물들을 자신의 특수한 빛깔로 물들인다. 원시인들의 사고방식의 한복판에는 언제나 '얼굴'과 '생명'이 놓여 있다. 사람살이에서 얼굴은 어떤 의미가 있을까? 얼굴과 생명은 또 어떤 관련이 있을까? 이러한 궁금증은 원시인의 신화적 사고의 특징인 상모적 세계관을 살펴보면 저절로 해소된다.

상모적 세계관

상모(相貌)라는 말은 상(相)과 모(貌)가 합해진 말이다. 상(相)이라는 한자에는 ① '서로'라는 뜻이 들어 있고, 덧붙여 ② '얼굴'이라는 뜻이 있다. 모(貌)라는 한자에는 '얼굴'이라는 뜻이 들어 있다. 그렇게 본다면, 서로서로 얼굴을 마주하는 관계, 혹은 얼굴과 얼굴을 마주하는 관계가 바로 상모적 관계이다. 이제 중요한 것은 얼굴이다. 얼굴은 한 개인의 건강상태나 인격, 품격, 지적 능력이 드러나는 장소다. 또한 그 사람의 다양한 감정이 표출되는 통로이기도 하다. 예로부터 우리는 사람의 얼굴을 중요하게 생각해왔다. 그래서 관상(觀相)에 대한 관심이 높은 편이다. 최첨단 과학문명 시대를 살아가는 우리 자신에게서도 관상에 대한 관심과 열기는 식을 줄 모른다. 관상에의 관심과 성형수술 산업의 팽창은 비례한다고 보면 틀림없다. 도대체 얼굴은 우리에게 무슨 의미가 있는가? '남자 나이 사십이면 자기의 얼굴에 책임져야 한다'는 옛말을 생각해보면, 어렴풋이나마 얼굴의 중요성을 깨달을 수 있을 것이다.

다시 되돌아가 '상모'에 대해서 살펴보자. 내가 얼굴을 가지고 있듯이, 타인도 얼굴을 가지고 있다고 간주하는 태도가 바로 상모적 태도다. 내가 얼굴을 가지고 있다는 말 속에는 내 자신이 생명을 지닌 존재라는 의미가 들어 있다. 그런데 그러한 태도가 신화적 사고에서는 무한히 확장되고 있다. 우리 현대인들은 기껏해야 인간과 살아 있는 몇몇 종들만 얼굴을 가지고 있는 것으로 간주하겠지만, 원시인들은 이 세상의 모든 존재자들이 얼굴을 가지고 있다고 생각한다. 길가의 풀 한 포기, 바닷가의 조약돌, 거리의 가로수 한 그루, 이름 모를 들꽃, 바위, 나무, 해와 달 그리고 별 이 모든 것들은 얼굴을 가지고 있다는 것이다. 얼굴을 가지고 있다는 말은 이 세상의 모든 것에는 생명이 들어 있다는 의미이다.

이러한 상모적 태도를 지니게 되면, 인간이 이 세계 속에서 특별한 위치를 차지하지 않게 된다. 생명의 연대의식은 모든 생명 자체를 같은 혈연이라고 간주한다. 때문에 신화적 사고 방식에서는 동물이나 식물들의 생명과 인간의 생명이 구별되지 않고 서로 넘나드는 것으로 생각한다. 거기에서는 자연이 하나의 큰 사회, 그러니까 '생명의 사회'를 이루고 있다. 이러한 생명의 사회에서는 가장 낮은 형태의 생명도 가장 높은 형태의 생명과 똑같은 종교적 존엄성을 갖는다. 인간과 동물, 동물과 식물은 모두 동일한 수준에 있다(EoM, p.83). 이러한 상모적 태도는 원시인의 자연관을 통해 그대로 나타난다. 원시인의 자연관은 한마디로 공감적이라 할 수 있다. 그렇다면 상모적 태도는 원시인에게서만 볼 수 있는가?

카시러는 오늘날도 '어린아이들'과 '시인'에게서 상모적 태도를 찾아볼 수 있다고 귀띔한다. 천진난만한 어린아이들의 장난감은 어른들의 눈에는 한갓 플라스틱 조각에 지나지 않는다. 하지만 아이들은 그 장난감 인형에게 말을 걸고 함께 놀이한다. 여자아이들은 목욕할 때조차도 인형을 품 안에 꼭 품고

다닌다. 목욕이 끝난 후에는 예쁜 옷으로 갈아입히고, 머리를 가지런히 빗겨준다. 어린아이들은 그림과도 대화한다. 어린아이들의 눈에 비친 이 세상은 모두 동무요, 친구이다. 시인도 마찬가지다. 시인의 눈에 들어온 모든 사물은 생명을 지닌 존재로 탈바꿈한다. 서정시를 읽어갈 때, 우리는 세계와 나 자신이 동화됨을 경험하게 된다. 시인은 자연 사물에 공감적 전이를 가장 잘할 수 있는 부류의 사람이다. 시인의 눈에 비친 세상의 모든 사물은 아름다운 빛을 발하는 고귀한 생명체들이다.

철학자로서 카시러는 우리 현대인들이 잃어버린 상모적 세계를 다시금 회복할 것을 강력하게 주장하고 있다. 여기서 잠깐 엉뚱한 생각이 떠오른다. 성경에 보면, 누군가가 예수께 질문한다. '천국에는 누가 들어갈 수 있습니까?'라고. 예수는 대답한다. 누구든지 '어린아이와 같지 아니하면' 결단코 천국에 들어갈 수 없다고.

문화분석과 문화비판

프랑크푸르트학파와 문화

문화철학의 주된 관심사 중의 하나는 문화분석의 방법론이다. 문화분석을 통해서 문화비판이 가능하다. 문화를 분석하는 방식은 다양하다. 우리는 여기서 문화분석의 좋은 예로서 프랑크푸르트학파의 경우를 살펴보고자 한다. 프랑크푸르트학파의 문화분석에서 눈에 띄는 학자는 호르크하이머(M. Horkheimer, 1895~1973)와 아도르노(T.W. Adorno, 1903~1969), 마르쿠제(H. Marcuse, 1898~1979), 벤야민(W. Benjamin, 1892~1940)이 대표적이다. 이들의 문화분석 방식은 서로 약간씩의 차이를 드러내기에 한마디로 도식화하여 설명하기란 쉽지 않은 일이다. 그럼에도 불구하고 굳이 그들이 분석하고 있는 문화 개념의 주요 특징을 꼽아본다면, 사회비판이론의 관점에서 문화를 분석하고 비판의 대상으로 삼고 있다는 점이다. 사회비판이론은 한 사회의 불합리한 왜곡된 구조의 원인을 파헤쳐 구성원들 서로가 소통 가능한 사회를 만드는 것을 목표로 내세운다. 따라서 이러한 관점에서는 이데올로기에 대한 비판, 인간 소외현상의 해부, 자본주의에서의 인간성 상실 등의 문제가 주된 논의거리가 되고 있다.

문화분석과 관련하여 호르크하이머는 좁은 의미에서의 문화인 정신문화와 흔히 문명이라고 일컬어지는 물질문화 모두를 문화 개념 안에 포함시켰으며, 사회철학을 이러한 문화 일반에 대한 이론으로 정립하였다. 마르쿠제는 사회 연구의 중요한 도구로 사용될 수 있는 특정한 문화 개념을 따르려는 취지에서, 문화를 사회의 역사적 발전 과정에서 정신의 의미를 표현하는 것으로 말한다. 또한 문화는 주어진 상황 속에서의 총체적 사회생활을 의미하는 것으로 말한다. 따라서 마르쿠제는 정신적, 이념적 재생산의 영역들(좁은 의미에서의 문화, 정신 세계)과 물질적 재생산의 영역들(문명)이 역사적으로 구별 가능하면서도 의미 있는 통일체를 형성해왔다는 점에 주목해서, 문화를 사회적 삶 전체로 보고 있다. 한편 아도르노는 문화에 대한 내재적 비판이 한 시대의 사회적 투쟁 속에서의 이데올로기의 역할이라는 결정적인 문제를 간과할 위험을 안고 있다고 지적했다. 그는 문화의 내용은 순전히 그 자체 속에 있는 것이 아니라 그 외부에 있는 것, 즉 물질적 생활 과정의 관계 속에 있다고 주장하였다.

　이상과 같은 논의에 의하면, 프랑크푸르트학파에서는 대체로 문화와 문명을 동일한 것으로 간주하였고, 문화 개념 속에 정신 세계와 물질 세계를 모두 포함시켰다고 할 수 있다. 이렇게 함으로써, 현대 사회의 모든 인간의 '불행'과 '억압' 그리고 '지배'라는 현실 상황을 비판하고자 했던 프랑크푸르트학파는 결과적으로 사회적 총체로서의 문화 혹은 문명에 대한 비판에 초점을 맞추었다.

문화비판의 방향

　프랑크푸르트학파의 문화분석 방법론을 핵심적으로 파악하는 열쇠는 1930년대 이후의 서구의 현실 상황을 그들 스스로 어떻게 인식하였으며, 그에 따른 실천방식이 무엇이었는지를 이해하는 데 달려 있다. 그들의 문화비판의 방향은 두 가지로 요약할 수 있다. 하나는 혁명의 가능성 여부, 다른 하나는 프롤레타리아(무산자 계급)에 대한 평가이다. 이런 측면에서 문화를 대하는 프랑크푸르트학파의 입장은 대체로 양분된다고 할 수 있다. 호르크하이머와 아도르노는 '혁명'에 대하여 좌절감을 느꼈고, 프롤레타리아의 상황에 대해서 '비관적'이었다. 때문에 이들은 더 이상의 인간의 불행을 막기 위해 현대의 테크놀로지(기술)가 문화에 미치는 악영향을 분석하고 비판하는 방향으로 나아가게 되었다. 이에 반해 벤야민은 보다 전투적 성향을 보였으며, 테크놀로지에 대해서도 낙관적이었다고 할 수 있다. 오늘날 현대의 삶 속에서 테크놀로지와 문화가 어떤 관계에 있는지를 살펴보면 이들의 문화비판의 내용을 이해할 수 있을 것이다.

호르크하이머와 아도르노는 『계몽의 변증법』(1947)에서 이성에 의한 계몽, 이성에 의한 합리적인 자연 지배가 전체주의(全體主義)로 역전하는 변증법적 과정을 설명하고 있다. 자유·평등·정의는 계몽주의(啓蒙主義)의 신조였으며, 인류의 위대한 이념이었다. 그러나 예측할 수 없는 문명의 발달은 이들 이념의 기반을 파괴하고, 그 보편적 실현을 저지했다. 한때 주체적이고 자주적이었던 이성이 인간의 자기보존이라는 '이기적 관심의 도구'로 전락해버렸다. 그래서 계몽적 이성은 경제적·사회적 힘에 반사적으로 순응할 따름이다. 이렇게 해서 전체주의의 기반이 마련되었다. 호르크하이머와 아도르노는 이 과정이 계몽의 변증법이고, 근대의 계몽적 이성이 빠져버린 운명이라고 진단한다. 자본주의의 생성은 계몽적 이성을 통해서 형성된다. 이 계몽적 이성이 '합리화'라고도 할 수 있는데, 결국 합리화가 자본주의체제의 관리제도 속에 인간을 예속(隸屬)시켰다. 이성이 과학과 테크놀로지를 발달시켰으나 이러한 진보가 인간의 삶의 실제적 진보와 일치하는 것은 아니며, 인간의 진정한 자유와 행복이 자본주의경제의 고도 생산성 앞에 희생되고 말았다는 것이다.

아도르노는 『부정의 변증법』(1966)에서 이성의 부정적인 본질을 강조한다. 또한 그는 '도구'로 전락한 이성이 가져온 전체주의적 자본주의 경제체제에 대해 반대한다. 사회철학의 기본 명제는 계몽적 이성이 현실을 긍정하고 있다는 점이며, 이를 비판하는 부정의 변증법이 필요하다고 아도르노는 역설한다. 현실비판, 현실부정, 현실저항은 결국 자유에로 나아가게 되는데, 아도르노는 이것을 진보이론이라 부른다. 진보이론의 내용을 살펴보면, 역사는 자연의 지배에서 인간이 해방되는 과정으로서, 진보이론이 곧 해방이론이 된다. 모든 진보이론은 내적 필연성에 따라서 퇴행을 포함한다. 진보에 내재하고 있는 부정성은 '지배의 필연성'이 된다. 지배의 필연성은 인류 역사에 있어서 지금까지의 모든 진보의 근간이 되어왔다. 왜냐하면 자연의존에서 극복한다 함은 조직화한 지배의 형태로서만 가능하기 때문이다. 다시 말해서 인간이 자연을 정복, 제압하지 않으면 자연적 상태에서 벗어날 수 없다고 보기 때문이다. 그렇다면 왜 인간은 자연의 상태에서 벗어나려고 하는가? 궁극적으로 인간이 자유롭게 되기 위해서이다.

비판적 이성의 회복

아도르노는 현대의 진보이론을 설명하면서, 근대적 문명은 인간의 예속, 억압, 소외를 불러일으켰다고 말한다. 주체의 객체화 현상, 즉 전면지배의 형태가 되어버렸다. 이러한 모습을 우리는 강제 수용소, 파시즘, 제국주의, 반유대주의 등에서 잘

볼 수 있다. 과학기술은 굶주림과 전쟁, 억압 없는 세계의 건설을 위해 전진했지만 이성적 인간이 과학기술을 발달시키면 시킬수록 인간 자신의 도구화, 수단화, 예속화는 확대된다. 그렇다면 비판이론은 무엇을 하려고 하는가? 궁극적인 목표는 '비판적 이성의 회복'에 있다. 비판적 이성은 이성의 획일화, 조직화, 절대화를 부정한다. 비판적 이성은 현존하는 것이 최고·최상이며, 불변하는 진리가 있다는 주장을 부정한다. 아도르노에 따르면, 계몽적 이성에는 자기반성이 없었다. 그래서 '이성의 도구화'를 초래하고 말았다. 그렇기 때문에 이제 비판이론은 이러한 현실을 비판하고 현실에 저항하며, 그 절대화에 대해 부정해야 한다는 것이다.

이상의 호르크하이머와 아도르노의 입장을 요약하자면, 근대의 계몽은 자연과 인간에 의한 지배와 억압으로부터 인간을 해방시켰다. 그러나 이러한 계몽은 주관적·도구적·기술적 이성에만 의존함으로써 객관적 이성의 퇴보를 가져왔다. 이에 따라 근대의 인간은 다시 새로운 형태의 지배와 억압의 상태에 빠졌으며, 이로부터의 해방을 추구하게 되었다.

일차원적 사회

한편 마르쿠제는 일차원적 사회(one-dimensional society)에 대해서 말한 바 있는데, 그 대상은 미국을 포함한 선진 산업 사회가 모델이었다. 마르쿠제에 따르면, 일차원적 사회에서의 인간의 의식, 언어, 예술은 모두 일차원적이다. 그렇다면 '일차원적'이라는 말은 무슨 의미인가? 기술공학의 발달이 인간을 '전면적으로 통제한' 상태를 일컫는다. 테크놀로지와 과학의 발달은 사회의 변동을 저지하고, 다른 사회제도를 만드는 질적인 사회변동까지 저지한다. 사람들은 테크놀로지 문화에 동화되고, 이런 문화를 '이성의 구현체'로 생각하여 수용하게 된다. 그래서 테크놀로지의 통제가 곧바로 '이성의 통제'가 되어 결국엔 사회통제의 형태로 나타났다. 테크놀로지로 합리화된 체제에 반대하는 것은 비이성적이며, 그 체제로부터 이탈하는 것은 이단이다. 결국 오늘날은 테크놀로지의 합리성(technological rationality)이 우리를 지배하고 있다. 인간은 승용차의 오디오에서 흘러나오는 음악을 들으며 행복감에 젖고 컴퓨터 게임에 열중한다. 근대화의 결과, 개인은 테크놀로지의 지배를 기꺼이 받아들이는 예속의 위치로 전락하였다. 개인은 이 상황에 만족하고 그것이 그의 존재양식이 되어버렸다. 테크놀로지의 풍요 속에서 인간은 동질화되고, 또한 계급 간의 대립도 소멸된 것처럼 느껴지게 된다. 마르쿠제는 바로 이러한 점이 테크놀로지의 이데올로기적 기능이라고 지적한다.

다른 한편 마르쿠제는 테크놀로지 이전의 이성을 2차원성이라고 규정하고, 테크놀로지적 이성을 1차원성이라고 말한다. 그렇게 구분하는 이유는 무엇인가? 테크놀로지 이전에는 이성이 존재와 비존재, 진리와 비진리를 식별할 수 있었으나 테크놀로지적 이성에서는 양자 간의 분별이 사라졌다. 이제 이성은 분별 능력이 아니라, 기껏해야 계산·측량하는 능력으로 전락하고 말았다. 이성의 1차원성은 테크놀로지적 합리성의 다른 이름에 지나지 않는다. 여기에서 마르쿠제는 테크놀로지적 합리성의 비합리성을 지적하고 있는 것이다. 그렇다면 현대 문명에서 테크놀로지적 이성은 인간의 삶에 어떤 결과를 초래하게 되었는가? 인간의 '노예화' 현상이다. 그러니까 테크놀로지가 지배자가 되고 인간은 노예가 되었다. 생산 장치의 효율성은 인간을 물상화(reification)하였다. 결국 자유는 '풍요'와 교환되는 물품에 지나지 않고, 이렇게 해서 테크놀로지는 '인간해방'이라는 그 본래의 목적을 파괴하고 말았다는 것이 마르쿠제의 판단이다.

기계복제 시대의 문화

이제부터는 위에서 언급한 비판이론가들과 달리 기술과 문화의 관계를 비교적 긍정적으로 분석하는 벤야민의 입장에 대해서 살펴보도록 하자. 호르크하이머와 아도르노는 『계몽의 변증법』에서 '대중 기만으로서의 계몽'이라는 부제를 달아 문화산업을 분석했다. 두 사람은 산업으로서의 대중문화는 대중 기만의 도구로서, 대중에게서 비판적 정신을 **빼앗고** 우둔함과 어리석음만을 줄 뿐이라고 주장하였다. 이런 주장은 대중매체와 대중문화가 가지고 있는 대중 조작적 측면과 상업적 성격을 비판하는 입장에서 연유한다고 할 수 있다. 그렇지만 벤야민은 대중문화의 생성을 문화의 몰락으로 보기보다는 새로운 문화의 등장으로 파악하였다. 특히 예술작품의 복제 기술과 문자매체에서 시각매체로의 이행 그리고 그것의 새로운 사회적 역할에 주목하였다.

벤야민은 현대 대중문화의 특징을 「기계복제 시대의 예술작품」(1968)을 통해서 밝혀내고 있다. 그는 이 논문의 첫 부분에서 1900년경에 이르러 전래된 모든 예술작품들의 복제가 이루어짐으로써 대중에 대한 예술의 영향력에 가장 큰 변화가 일어났다고 말한다. 그러면서 예술작품의 복제와 영화가 전통적 형태의 예술에 어떤 영향을 미쳤는지를 밝히고, 나아가 그것을 가능케 한 사회적 조건에 대해 규명하고자 하였다. 벤야민의 분석에 따르면, 전통적 예술과 기계복제 시대의 예술의 가장 큰 차이점은 '아우라의 몰락(decay of the aura)'에 있다. 전통적 예술작품들은 제각기 아우라를 가지고 있었지만, 기계복제 시대의 예술작품에는 더 이상의 아우라가 존재하지 않는다. 그렇다면 벤야민이 말하는 예술작품의 '아우라'는 무엇을 의미하는가?

벤야민은 예술작품의 일회성(unique existence), 원본성(the presence of the original), 진품성(authenticity)이 작품으로서의 객관적 특성이 된다고 말한다. 전통적 예술작품은 그것이 만들어진 장소에서 시·공간의 형식을 빌어 일회적 존재로서 나타나고, 이러한 성질이 자신의 진품성을 형성하게 되었다는 것이다. 말하자면 예술작품이 가지고 있는 대상으로서의 객관적 특성을 일컫는 말이 아우라이다. 또 다른 측면에서 벤야민은 그런 방식으로 존재하는 예술작품을 우리 스스로 수용하여 경험하는 과정에서 일어나는 하나의 '주관적 경험 과정으로서의 지각 가능성'을 아우라라고 말하기도 한다. 그러니까 '아우라'는 주체가 대상과 교감할 때 그 대상이 주는 미묘한 분위기의 경험이라든가, 혹은 타인과의 관계 속에서 자기가 느낀 시선을 되돌려줄 수 있는 능력으로서의 상호작용적인 지각형식을 뜻한다. 따라서 대상에 대한 경험으로서의 아우라의 몰락은 어떤 새로운 지각의 신호를 의미하게 된다.

예술의 영역에서 일어나는 아우라의 몰락현상에 벤야민이 주목하는 이유는 예술의 새로운 '수용'과 '기능' 때문이다. 기계복제 시대 이전의 초기 예술작품들은 종교적 의식(ritual)을 위하여 나타났다. 진품으로서의 예술작품의 유일 가치는 본래 그것의 사용가치가 있었던 곳, 그러니까 종교적 의식에 근거를 두고 있다. 그런 측면에서 기계복제 시대 이전의 예술작품은 종교적 숭배의 대상 혹은 주술의 도구로서 종교적 기능을 수행하였다. 그러나 예술의 종교적 기능은 복제 기술의 발전에 의해서 점차 그 힘을 상실하게 되었다. 역으로 복제 기술은 종교적 의식에 의존하였던 예술작품을 해방시켰다고도 할 수 있다. 종교로부터 예술의 해방이 이루어진 셈이다. 예술작품이 종교에서 해방됨으로써 예술은 종교적 의식 및 숭배적 가치(the cult value)를 상실한 반면, 이제 새롭게 전시적 가치(the exhibition value)를 갖게 되었다. 기계복제 시대에는 전시적 가치에 절대적인 역점을 둠으로써 예술의 기능 또한 많은 변화를 겪게 된다. 벤야민은 사진과 영화가 이에 가장 잘 부합한다고 분석한다.

벤야민은 기계복제 시대의 예술작품 속에서뿐만 아니라 대중문화 속에서 나타나는 대중성을 인정하면서 그 대중성이 갖는 정치적 힘을 간취(看取)했다. 벤야민은 그것을 기계복제 시대의 예술작품에 대한 대중의 반응 변화에서 읽어낼 수 있었다. 가까이할 수 없다는 이유로 종교적 기능을 수행했던 전통적 예술작품과는 달리, 기계복제 시대의 예술작품은 가까이할 수 있다는 특성 때문에 그만큼 정치적 활용성이 크다고 할 수 있다. 그런 의미에서 벤야민은 영화를 새로운 예술의 형태임과 동시에 정치적으로 혁명적 내용을 담고 있는 사회적 실천의 범주로 파악하였던 것이다. 결국 벤야민의 관점에 따르면, 대중문화 밖에서 그 자신을 우려의 눈길로 보기보다는 그것이 갖는 사회적 힘을 인정하고 사회비판의 도구로 사용하는 것이 대중문화의 올바른 이해이고 활용인 셈이다.

문화의 획일성

호르크하이머와 아도르노는 『계몽의 변증법』 가운데 「문화산업 : 대중 기만으로서의 계몽」이라는 글에서 자본과 문화의 관계를 꼼꼼하게 분석하였다. 우리는 호르크하이머와 아도르노의 문화산업에 대한 분석의 다양한 내용들을 크게 세 가지로 압축하여 살펴보고자 한다. 그 내용은 첫째, 문화의 획일성의 문제, 둘째, 자본에 예속된 문화의 문제, 셋째, 대중문화의 오락성의 문제다.

먼저 문화의 획일성의 문제를 살펴보자. 호르크하이머와 아도르노의 분석에 따르면, 자본주의사회에서의 대중문화는 장사(business)에 불과한 것임에도, 대중문화의 조종자들과 권력독점자들은 그것을 산업(industry)이라고 부른다. 영화나 라디오와 같은 대중매체들은 그러한 논리를 정당화해주는 이데올로기로 사용된다. 그리고 대중문화의 관계자들은 문화산업에 참여하고 있는 수많은 사람들의 욕구를 충족시켜주기 위해서는 어쨌든 상품의 재생산 과정이 필요하다고 주장하고, 이를 위해서 재생산 과정에서의 규격품(standards)이 필요하다고 역설한다. 대중들은 그들의 소비 욕구를 충족시키기 위해서라도 규격품을 별 저항 없이 받아들이게 된다는 것이다.

하지만 호르크하이머와 아도르노는 이와 같은 문화의 획일화 논리 속에 은폐되어 있는 몇 가지 사실들을 밝혀내고 있다. 말하자면 문화산업은 권력독점자 혹은 테크놀로지에 의해서 조작되고 있다는 사실이다. 이러한 조작으로 말미암아 사회에서의 체계의 통일성은 한층 강화된다. 테크놀로지는 사회에 대해 통제력을 발휘할 수 있게 되고, 테크놀로지의 합리성이 지배의 합리성 자체가 되어버린다. 이러한 테크놀로지의 합리성은 스스로부터 소외된 사회가 가지는 강압적 성격이라 할 수 있다.

문화산업에서의 테크놀로지는 규격화와 대량생산을 가능케 하였지만, 다른 한편에서는 일의 논리(the logic of the work)와 사회체계의 논리(the logic of the social system) 간의 구별을 불가능하게 만들어버렸다. 호르크하이머와 아도르노는 이와 같은 현상이 테크놀로지의 기능에서 연유한다고 설명한다. 문화의 획일성이 문제가 되는 것은 (예컨대 중앙 통제로부터 벗어나려는 욕구는) 개인들의 의식 내부에서 이루어지는 통제에 의해 원천 봉쇄된다. 이러한 구조 속에서는 대중의 자발성이 조작되거나 말살되는 경향이 생겨난다. 문화에서의 대중의 자발성 저해는 대중 기만, 대중 조작을 용인하는 결과를 초래하게 되며, 나아가 사회의 중앙 통제화를 가속화시킬 수 있는 중요한 요인이 된다는 점에서 심각한 문제가 아닐 수 없다.

자본에 예속된 문화

다음으로 자본에 예속된 문화의 문제를 살펴보자. 자본주의 사회에서 문화 독점 세력들은 대중사회로부터 외면받지 않기 위해서 끊임없이 권력자들의 비위를 맞춰야 하며, 그 과정에서 문화산업은 자본에 예속된다. 말하자면 문화산업의 작업 과정은 투자된 자본의 승리를 의미한다. 한편 대중들의 여가 시간은 문화산업이 제공하는 획일적 생산물로 채워진다. 소비자들은 정치선동을 위한 조사단체의 통계자료에 불과한 존재가 된다. 때문에 문화산업의 무분별한 획일성은 정치 분야에서도 마찬가지로 획일성의 증대를 가져온다. 호르크하이머와 아도르노는 이것이 결국 문화 소비자들의 반성 능력, 상상력(imagination), 자발성(spontaneity)을 위축시키는 결과를 초래한다고 지적한다. 결국 자본에 예속된 문화산업은 하자 없는 규격품을 만들 듯이 인간들을 재생산하려 한다는 것이다.

문화의 오락성

마지막으로 문화의 오락성의 문제를 살펴보자. 문화산업은 오락(amusement)을 매개로 하여 대중을 조종한다. 후기 자본주의에서 오락은 일의 연장이다. 오락을 찾는 사람들은 기계화된 노동 과정을 다시금 감당할 수 있기 위해 그로부터 벗어나려는 사람들이다. 그렇지만 동시에 오락 상품의 제조나 여가를 즐기는 사람의 행복 역시 철저히 기계적이 되어버렸기 때문에 그는 노동 과정의 심리적 잔상 외에는 어떤 것도 더 이상 경험할 수 없다. 호르크하이머와 아도르노에 따르면, 문화산업은 소비자의 모든 욕구가 실현될 수 있는 것처럼 말하지만, 그 욕구들은 문화산업에 의해 사전 결정된 것들이다. 따라서 소비자는 자신을 영원한 소비자로서, 즉 문화산업의 객체로서 느끼게 된다. 결과적으로 문화산업은 소비자들의 욕구를 생산, 조종, 통제하고, 마음만 먹으면 오락 자체를 그들로부터 박탈할 수도 있다.

맺는 말

우리가 문화에 관심을 두고 문화인, 문화의식, 문화사회를 꿈꾸는 것은 우리의 사회적 삶의 여건이 과거에 비해 그만큼 풍요로워졌기 때문이다. 물질적 조건의 풍요가 정신적 분야로 그대로 이행되었으면 좋으련만 그렇지 않은 것이 우리의 현실이다.

돌이켜보면, 한국에서 문화철학 연구가 처음으로 시작된 것은 한국철학회에서 『문화철학』(1995)을 간행하면서부터이다. 이후 한국철학회에서 『문화의 진보에 대한 철학적 성찰』(1988)을 펴내고, 한국철학사상연구회에서 『문화와 철학』(1999)을, 한국칸트학회에서 『칸트와 문화철학』(2003)을 간행하면서 문화에 대한 관심과 연구가 점점 더 활발하게 일어나게 되었다.

그렇지만 문화에 대한 관심과 연구에 있어서 한 가지 아쉬운 점은 이 분야의 연구가 문화철학 전공 학자들에 의해서 심층적으로 이루어지지 않았다는 사실이다. 모르긴 몰라도, 2000년 6월에 카시러의 문화철학 연구로 박사학위를 받은 필자의 경우가 국내에서는 최초의 문화철학 전공자이고, 그 이후에 독일에서 니체의 문화철학 연구로, 벤야민의 매체미학에 관한 연구로 박사학위를 받은 한두 분이 그 다음의 경우이다.

그나마 다행스러운 것은, 최근 '칸트와 문화철학' '문화철학과 문화비평의 상관성 연구' 등의 과제에 한국학술진흥재단으로부터 상당한 지원이 이루어짐으로써, 문화철학 분야의 연구가 학계뿐만 아니라 정부의 정책 당국에서도 비중 있게 다루어지게 되었다는 점이다.

이런 점들을 감안해볼 때, 최근 들어 우리 사회는 과거 어느 때보다도 문화에 대한 열기가 뜨겁다고 해야 할 것이다. 때문에 지난 시절 헤겔이 말했던 것처럼, 언제나 황혼이 되어서야 날갯짓을 하는 미네르바의 올빼미 신세에서 벗어나, 이제는 바야흐로 문화시대에 걸맞은 한국적인 문화철학을 모색해야 할 시기가 되었다. 한국적인 문화철학의 모색은 문화철학이 무엇인지, 우리에게 문화란 어떤 의미가 있는지에 대한 논의를 통해서 차근차근 해명해야 할 우리 모두의 과제일 것이다.

이를 위한 하나의 예비 단계로서 우리는 이 책에서 '철학자의 눈에 비친 문화' '문화 해석의 커다란 흐름' '문화의 발전'

'문화의 보편성과 특수성' '고급문화와 대중문화' '문화와 상징의 관계' '문화분석과 문화비판'에 대해서 살펴보았다.

먼저 '철학자의 눈에 비친 문화'에서는 문화의 기원과 문화의 전개, 그리고 문화의 미래상에 대해서 논의하였다. 기독교 세계관에 따라서 에덴동산이라는 자연의 보호상태로부터 인간의 자유상태로의 이행을 문화로 보았으며, 그러한 문화의 밑바탕에는 선의 요소보다는 악의 요소가 강하게 작용하고 있음을 확인하였다. 문화의 전개에 있어서는 사회성에 근거한 도덕 교육의 필요성을 칸트의 논의를 빌어 재차 확인하였다.

'문화 해석의 커다란 흐름'에서는 자유의지론과 문화결정론 사이의 첨예한 입장 차이를 확인할 수 있었다. 특히 인간과 문화의 관계에 있어서 인간의 자유의지를 강조하여 문화를 통제할 수 있다는 입장과 문화 자체의 법칙에 의해 인간의 삶과 문화가 결정된다는 각기 다른 입장의 논리를 맛보았다.

'문화의 발전' 부분에서는 인간의 문화가 신화적 단계, 존재론적 단계, 기능적 단계의 모델을 따라 발전한다는 사실을 반 퍼슨의 논의를 빌어 살펴보았다. 또한 이러한 논의를 통해서 우리 자신의 문화는 현재 어떤 상태에 있는지를 자문해보기도 하였다.

'문화의 보편성과 특수성'에서는 문화를 해석하는 객관적 기준이 있을 수 있는지의 문제를 모노크로닉한 시간과 폴리크로닉한 시간의 비교를 통해서 살펴보았다. 또한 문화의 지역화와 세계화의 문제, 문화와 제국주의의 문제를 밝혀보고, 그런 상황에서 우리 자신은 어떤 입장을 취해야 하는지 고민해 보았다.

'고급문화와 대중문화' 부분에서는 두 입장을 굳이 구분하려는 이들과 동일시하려는 이들의 숨은 논리를 각각 분석해 보았다. 또한 이러한 분석을 통해서 우리 스스로는 두 영역의 경계를 좁혀서 허물어야 한다는 취지의 논의를 이끌기도 하였다.

'문화와 상징의 관계'에서는 문화를 새롭게 이해하기 위한 토대로서 상징적 인간관을 제시하였고, 문화에서의 상징 개념의 의미를 살펴보았다. 또한 현대인들이 신화적 사고의 특징인 상모적 세계관을 회복해야 할 필요성에 대해서 살펴보았다.

마지막으로 '문화분석과 문화비판'에서는 프랑크푸르트학파의 입장에 초점을 맞추어 문화의 획일성, 자본에 예속된 문화, 문화의 오락성의 문제를 비판적 관점에서 분석해보았다.

이러한 일련의 논의는 결국 '우리에게 문화란 무엇인가?'라는 물음에 답을 찾고자 하는 과정이었으리라. 문화는 겉으로 드러난, 관찰 가능한 현상들로 나타나기도 하지만, 달리 보면 우리 자신의 마음상태에서 비롯되는 것이다.

따라서 문화는 우리의 마음 밭에 무엇을 심을 것이며, 무엇을 일구어낼 것인가의 문제와도 직결된다. 문화라는 한자어에는 사람과 사람 사이의 무늬나 결, 다시 말해서 사람됨의 의미가 함축되어 있다. 이는 우리가 어떻게 하면 함께 아름다운 무늬를 만들어낼 것인가의 문제이기도 하다. 이렇게 본다면 문화란 무엇인가라는 물음은 인간이란 무엇인가라는 물음의 다른 이름에 지나지 않는다. 문화철학은 궁극적으로 이러한 관점에서 문화 연구를 수행하고 있다.

참고문헌

C.A. 반 퍼슨, 강영안 옮김, 『급변하는 흐름 속의 문화』, 서광사, 1994.

바티스타 몬딘, 이재룡 옮김, 『전환기의 새로운 문화 모색』, 가톨릭출판사, 2002.

새뮤얼 헌팅턴, 이희재 옮김, 『문명의 충돌』, 김영사, 2002.

수전 손택, 이민아 옮김, 『해석에 반대한다』, 이후, 2002.

신응철, 『문화철학과 문화비평』, 철학과현실사, 2004.

_____, 『캇시러의 문화철학』, 한울출판사, 2000.

에드워드 사이드, 김성곤·정정호 옮김, 『문화와 제국주의』, 도서출판 窓, 2002.

에드워드 홀, 최효선 옮김, 『문화를 넘어서』, 한길사, 2000.

임마누엘 칸트, 이한우 편역, 『칸트의 역사철학』, 서광사, 1992.

Adorno, T.W., *Negative Dialektik*(1966), in Gesammelte Schriften, Bd. 6, Suhrkamp Verlag, F(M), 1984.

Benjamin, Walter., "The work of art in the age of mechanical reproduction"(1968), in *Cultur : Critical Concepts in Sociology*, Edited by Chris Jenks, Vol 2, Routledge London and New York, 2003. 이태동 옮김, 『문예비평과 이론』, 문예출판사, 1997.

Cassirer, Ernst, *Philosophie der Symbolischen Formen*, Vol. 1, Die Sprache, Darmstadt : Wissenschaftliche Buchgesellschaft, 1923.

_____, *An Essay on Mane*, New Haven : Yale University Press, 1944. 최명관 옮김, 『인간이란 무엇인가』, 서광사, 1988. (본문에서 EoM으로 표기함.)

Horkheimer, M., Adorno, T.W., *Dialektik der Aufklärung*(1947), Fischer Taschenbuch Verlag, F(M), 1969. 김유동 옮김, 『계몽의 변증법』, 문학과지성사, 2001.

Marcuse, Herbert, "Excepts from One-Dimensional Society"(1964), in

Culture : Critical Concepts in Sociology, Edited by Chris Jenks, Vol. 2, Routledge London and New York, 2003.

McLuhan, Marshall, *Understanding Media : The Extensions of Man*, New York : McGraw-Hill, 1964. 박정규 옮김, 『미디어의 이해』, 커뮤니케이션북스, 2001.

_____, *The Gutenberg Galaxy : The Making of Typographic Man*, New York : Mentor, 1964. 임상원 옮김, 『구텐베르크 은하계』, 커뮤니케이션북스, 2001.

Verene, Donald Phillip(ed), *Symbol, Myth and Culture : Essays and Lectures of Ernst Cassirer* 1935-1945, New Haven and London Yale University Press, 1979 (본문에서 SMC로 표기함).

White, Leslie A., *The Science of Culture : A Study of Man and Civilization*, Revised Edition, New York : Farrar, Straus and Giroux, 1969. 이문웅 옮김, 『문화과학』, 아카넷, 2002.

철학으로 보는 문학

펴낸날	초판 1쇄 2004년 6월 15일
	초판 6쇄 2018년 8월 16일

지은이	신응철
펴낸이	심만수
펴낸곳	(주)살림출판사
출판등록	1989년 11월 1일 제9-210호

주소	경기도 파주시 광인사길 30
전화	031-955-1350 팩스 031-624-1356
홈페이지	http://www.sallimbooks.com
이메일	book@sallimbooks.com

ISBN	978-89-522-0240-6 04080
	978-89-522-0096-9 04080(세트)

※ 값은 뒤표지에 있습니다.
※ 잘못 만들어진 책은 구입하신 서점에서 바꾸어 드립니다.

026 미셸 푸코 eBook

양운덕(고려대 철학연구소 연구교수)

더 이상 우리에게 낯설지 않지만, 그렇다고 손쉽게 다가가기엔 부담스러운 푸코라는 철학자를 '권력'이라는 열쇠를 가지고 우리에게 열어 보여 주는 책. 권력은 어떻게 작용하는가에서 논의를 시작하여 관계망 속에서의 권력과 창조적 · 생산적 · 긍정적인 힘으로서의 권력을 이야기해 준다.

027 포스트모더니즘에 대한 성찰 eBook

신승환(가톨릭대 철학과 교수)

포스트모더니즘의 역사와 논의를 차분히 성찰하고, 더 나아가 서구의 근대를 수용하고 변용시킨 우리의 탈근대가 어떠한 맥락에서 이해되는지를 밝힌 책. 저자는 오늘날 포스트모더니즘으로 대변되는 탈근대적 문화와 철학운동은 보편주의와 중심주의, 전체주의와 이성 중심주의에 대한 거부이며, 지금은 이 유행성의 뿌리를 성찰해 볼 때라고 주장한다.

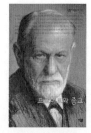

202 프로이트와 종교 eBook

권수영(연세대 기독상담센터 소장)

프로이트는 20세기를 대표할 만한 사상가이지만, 여전히 적지 않은 논란과 의심의 눈초리를 받고 있다. 게다가 신에 대한 믿음을 빼앗아버렸다며 종교인들은 프로이트를 용서하지 않을 기세이다. 기독교 신학자인 저자는 이 책을 통해 종교인들에게 프로이트가 여전히 유효하며, 그를 통하여 신앙이 더 건강해질 수 있다는 점을 보여 주려 한다.

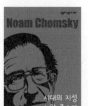

427 시대의 지성 노암 촘스키 eBook

임기대(배재대 연구교수)

저자는 노암 촘스키를 평가함에 있어 언어학자와 진보 지식인 중 어느 한 쪽의 면모만을 따로 떼어 이야기하는 것은 불합리하다고 말한다. 이 책에서는 촘스키의 가장 핵심적인 언어이론과 그의 정치비평 중 주목할 만한 대목들이 함께 논의된다. 저자는 촘스키 이론과 사상의 본질에 다가가기 위한 이러한 시도가 나아가 서구 사상을 받아들이는 우리의 자세와도 연결된다고 믿고 있다.

024 이 땅에서 우리말로 철학하기

이기상(한국외대 철학과 교수)

우리말을 가지고 우리의 사유를 펼치고 있는 이기상 교수의 새로운 사유 제안서. 일상과 학문, 실천과 이론이 분리되어 있는 '궁핍의 시대'에 사는 우리에게 생활세계를 서양학문의 식민지화로부터 해방시키고, 서양이론의 중독으로부터 벗어나야 한다고 역설한다. 저자는 인간 중심에서 생명 중심으로의 변화와 관계론적인 세계관을 담고 있는 '사이 존재'를 제안한다.

025 중세는 정말 암흑기였나   eBook

이경재(백석대 기독교철학과 교수)

중세에 대한 친절한 입문서. 신과 인간에 대한 중세인의 의식을 다루고 있는 이 책은 어떻게 중세가 암흑시대라는 일반적인 인식을 가지게 되었는지에 대한 물음을 추적한다. 중세는 비합리적인 세계인가, 중세인의 신앙과 이성은 어떠한 관계를 갖고 있는가 등에 대한 논의를 하고 있다.

065 중국적 사유의 원형   eBook

박정근(한국외대 철학과 교수)

중국 사상의 두 뿌리인 『주역』과 『중용』을 철학적 관점에서 접근한다. '산다는 것은 무엇인가?'라는 근원적 질문으로부터 자생한 큰 흐름이 유가와 도가인데, 이 두 사유의 흐름을 거슬러 올라가다 보면 그 둘이 하나로 합쳐지는 원류를 만나게 된다. 저자는 『주역』과 『중용』에 담겨 있는 지혜야말로 중국인의 사유세계를 지배하는 원류라고 말한다.

076 피에르 부르디외와 한국사회   eBook

홍성민(동아대 정치외교학과 교수)

부르디외의 삶과 저작들을 통해 그의 사상을 쉽게 소개해 주고 이를 통해 한국사회의 변화를 호소하는 책. 저자는 부르디외가 인간의 행동이 엄격한 합리성과 계산을 근거로 행해지기보다는 일정한 기억과 습관, 그리고 사회적 전통에 영향을 받는다는 사실로부터 시작한다는 점을 강조한다.

096 철학으로 보는 문화 `eBook`

신응철(숭실대 인문과학연구소 연구교수)

문화와 문화철학 연구에 관심 있는 사람을 위한 길라잡이로 구상된 책. 비교적 최근에 분과학문으로 등장하기 시작한 문화철학의 논의에 반드시 들어가야 할 요소를 선택하여 제시하고, 그 핵심 내용을 제공한다. 칸트, 카시러, 반 퍼슨, 에드워드 홀, 에드워드 사이드, 새무얼 헌팅턴, 수전 손택 등의 철학자들의 문화론이 소개된다.

097 장 폴 사르트르 `eBook`

변광배(프랑스인문학연구모임 '시지프' 대표)

'타자'는 현대 사상에 있어 가장 중요한 개념 중 하나이다. 근대가 '자아'에 주목했다면 현대, 즉 탈근대는 '자아'의 소멸 혹은 자아의 허구성을 발견함으로써 오히려 '타자'에 관심을 갖게 되었다. 그리고 타자이론의 중심에는 사르트르가 있다. 사르트르의 시선과 타자론을 중점적으로 소개한 책.

135 주역과 운명 `eBook`

심의용(숭실대 강사)

주역에 대한 해설을 통해 사람들의 우환과 근심, 삶과 운명에 대한 우리의 자세를 말해 주는 책. 저자는 난해한 철학적 분석이나 독해의 문제로 우리를 데리고 가는 것이 아니라 공자, 백이, 안연, 자로, 한신 등 중국의 여러 사상가들의 사례를 통해 우리네 삶을 반추하는 방식을 취한다.

450 희망이 된 인문학 `eBook`

김호연(한양대 기초·융합교육원 교수)

삶 속에서 배우는 앎이야말로 인간의 운명을 바꿀 수 있는 기회를 준다. 그래서 삶이 곧 앎이고, 앎이 곧 삶이 되는 공부를 하는 것이 무엇보다 중요하다. 저자는 인문학이야말로 앎과 삶이 결합된 공부를 도울 수 있고, 모든 이들이 이 공부를 할 수 있어야 한다고 믿는다. 특히 '관계와 소통'에 초점을 맞춘 인문학의 실용적 가치, '인문학교'를 통한 실제 실천사례가 눈길을 끈다.

eBook 표시가 되어있는 도서는 전자책으로 구매가 가능합니다.

㈜살림출판사
www.sallimbooks.com
주소 경기도 파주시 문발동 522-1 | 전화 031-955-1350 | 팩스 031-955-1355